고라니라니

손의 일기

고라니라니

-손의 일기-

이소연 시인
주영태 농부

목차

프롤로그
8p

1부 물들지 않고는 가까이할 수 없는 세계

오래된 동그라미 12p/백만 원짜리 금속탐지기 15p/들꽃이 좋더라 17p/내가 아는 의미 19p/삼순이 22p/사랑이 영원하다는 말 24p/삐비 껍딱 17p/질투, 나는 후회하지 않는다 29p/시인 동생과 오배이골 31p/그가 내게 가르쳐 준 것들 34p/담배와 할매 37p/커피와 담배 40p/손의 일기 43p/농부랑 친한 시인 45p/고창 농부의 매력 47p/물들지 않고는 가까이할 수 없는 세계 50p/아서라, 아서 53p/고라니라니 55p/고양이일까? 57p

2부 농사도 짓고 시도 짓고

삶에 진 기분 63p/농사도 짓고 시도 짓고 65p/전라도 모기 68p/마음은 근육 71p/물어보고 마는 일 73p/다맽겨인력 76p/미련한 버꾸 79p/청개구리와 무당개구리 82p/벌쏘일 폭 잡고 85p/긴 꼬리 짐상 88p/자수성가 농법 91p/안 맞네, 안 맞어 94p/약을 쳐 부러야 97p/나도 촌놈 너도 촌놈 99p/나 자신에 대한 징그러움 102p/이것이 시 맞당가? 104p/집 찾아간다는 말 107p/둠벙의 추억 110p/

3부 아, 새참 먹고 싶다

모두의 시작은 4월, 나의 시작은 5월 114p/김제 할매네 껄막 대추나무 116p/안 보이던 스패너가 코앞에 있다 120p/나락 비는 날 122p/옹졸한 마음은 콩처럼 구워 먹어 버리고 125p/히히히 127p/얌마, 딱새 어쨌냐? 130p/아빠나 키워 132p/동상, 이것이 뭇인 종 안가? 135p/내 더는 안 먹을란다 138p/아, 새참 먹고 싶다 140p/돈 걱정 시간 걱정 안 할 날 있을까? 143p/니들 동심 다 어디 갔니? 145p/

4부 장작 패는 사람

낚시 한다는 말 150p/"외롭냐?" 하는 간단한 질문들 153p/할매 잘 있는가? 155p/울 어매 이쁜 손 157p/육지나 섬이나 똑같은 신세 160p/밥 먹기 전에 줬어야 하는데 163p/백은 언제 다 세지는 것이여? 167p/그리워지는 세계를 향한 농담 170p/겉멋 든 도끼질 173p/장작 패는 사람 176p/겨울을 졸졸졸 흘려보내고 178p/감각의 천연한 믿음 181p/고창김이 아니야 곱창김이야 183p/고만 히야 186p/지붕이 없지만 지붕이 가장 큰 집 189p/옥매미 192p/이 붉은빛은 어디서 왔을까? 194p/복숭아와 생색 196p/ 칭찬에 초연해지기 싫어 201p

에필로그
204·205p

대담 206p

고창군 건동리 1220번지
텃굴밭에 출몰하는
고라니에 대하여

*주영태의 산문은 전라도 고창 사투리를 최대한 살려 두려고 애썼다.

_이소연
프롤로그

"눈을 뜨자마자 한 사람의 손바닥이 생각났다. 참으로 이상한 일이다."

이 책은 고창에 사는 농부 친구가 보내온 사진 한 장에서 시작되었다. 자신의 왼손바닥을 찍은 사진이었다. 손바닥에는 도정한 쌀이 있었다. 우리가 매일같이 씻어 안치는 쌀이 저토록 눈부시다는 사실이 새삼스러웠다.

내가 잃어버린 세계가 그의 손바닥에 있는 것만 같았다. 이런 마음은 뭘까, 생각하다가 그냥 손바닥에 대해 시를 써야지, 했다. 그리고 아직 못 썼다. 박사 논문도 써야 하고 시도 써야 하는데 자꾸 그 손바닥만 생각났다. 손바닥은 무엇 하나 움켜쥐지도 않은 채 나를 사로잡아 버렸다.

"손바닥에는 무엇이든 올려놓을 수 있고 무엇이든 올려놓을 수 없다."

손은 언제나 선택하는 운명을 지녔다. 그 선택이 보여 주는 것은 손을 가진 자의 투명한 욕망이다. 그러므로 손은 자유롭고 세밀한 동작을 구사하면서도 명백한 한계를 안다. 나는 그 한계가 좋다. 손의 능동성이 가진 한계가 마음에 든다. 그리고 농부 친구의 손에서 가장 아름다운 한계를 목격했음을 고백한다.

그가 갖고 싶은 세계, 보고 싶은 세계, 만지고 싶은 세계, 먹고 싶은 세계, 만들고 싶은 세계가 다 그의 손바닥에 있었다.

2020년의 햅쌀부터 도롱뇽 알, 고라니, 겨우살이, 청개구리, 냉이, 밤, 가재, 산딸기, 상토, 나락, 모기, 부러진 나사, 복분자, 블루베리, 삘기, 매미, 토종 붕어, 엄마 손, 벼 이삭, 깨, 서리태, 까치독사, 장지도마뱀, 논병아리, 배추흰나비 애벌레, 새집, 참새, 우렁, 하루 일당, 이화명충, 복순이 새끼, 하귤, 오이, 첫눈, 두꺼비, 야광 찌… 모두 한 사람의 손바닥을 거쳐 갔다. 광활한 자연과 다사다난한 시골살이의 극히 일부를 손바닥에 얹어 건네받은 것만으로도 나는 얼마나 풍요로웠던가. 자연을 어루만진 손바닥이 다시 내 마음의 그늘을 걷어내던 날들을 이 책을 읽는 이들도 함께 맞았으면 좋겠다.

1부 물들지 않고는 가까이할 수 없는 세계

_이소연
오래된 동그라미

금속 탐지기를 보내 줬더니 뭔가를
자꾸 발굴하긴 한다
이번 감정은 동그라미다

친한 김은지 시인과 함께 지하철을 타고 가는 중에도 나는 계속 금속탐지기에 빠져 있었다. 오죽하면 김은지 시인이 쓴 작가의 말에도 금속탐지기를 검색하는 내 모습이 등장한다. 금속탐지기가 필요하다고 한 건 다름 아닌 농부 친구였다.

그가 부탁하면 나도 모르게 최선을 다하고 싶어진다. 농부 친구는 받기만 해서 미안하다고 한다. 정말 이상하다. 나도 그에겐 해 준 것 없이 받기만 하는데 말이다.

아무리 줘도 받기만 하는 기분은 아무에게나 가질 수 없는 것 같다.

한 존재를 향한 이 지극한 감정은 마치 오래전에 잃어버려서 땅속에 묻힌 유물 같다.

금속탐지기를 보내 줬더니 뭔가를 자꾸 발굴하긴 한다.

"맨 베지밀 껍데기 같은 것배끼 안 나와."

웃겨 죽겠다. 금덩이를 캐겠다는 엄청난 포부는 어디 가고 백만 원가량의 금속탐지기로 찾은 보물이 고작 베지밀 팩이다. 팩 안이 은박 코팅이라 그것 때문에 금속탐지기가 울린 모양이다.

"잘 좀 찾아봐. 보물 찾아서 나 맛있는 거 사 준다며."

"긍게, 로또복권이나 산 것맨키 기대심이 컸는디. 이럴 줄 알았으믄 찌까 헌 놈으로 사서 보내제…. 동생은 통이 큰 게 참말로 흠이여."

"그럼 통 크게 왕릉 근처로 가 봐. 임금이 쓰던 물건이 나올지도 몰라."

"긍게, 글믄 좋은디 불법이랴."

농부 친구는 아들과 해변을 탐색하는 중이라고 했다.

"뭔 설명서가 순전히 영어대. 환장하것네."

한참을 투덜거리더니 영어 좀 안다는 사춘기 아들의 도움을 받은 모양이다. 몹시 들뜬 목소리로 금반지 금목걸이가 나오면 수입을 나누기로 했단다.

"이 탐지기로 보물 안 나오면 안 되제. 무조건 나온다이. 누가 보내 준 것인디."

흥분한 부자는 삐삐삐 소리 나는 모래사장을 마구 파헤치며 반나절을 보냈다고 한다.

사진 한 장이 전송되었다. 이번엔 뭔가 그럴듯하다.

"우아! 대박이야! 그거 뭐야?."

"몰러. 동그라미?"

땅속에서 쓴 시 같다. 이번 유물은 오래된 동그라미다.

_주영태
백만 원짜리 금속탐지기

"아빠, 이게 뭐야? 베지밀 껍질밖에 안 나오잖아."

"새꺄, 글믄 한꺼번에 싹 나와 불믄 우리나라 사람 다 금속탐지기 사 불제 안 사것냐? 일단 여그는 아닌갑다."

역사가 깃든 무장읍성으로 가 보자. 거그는 분명히 뭣인가 나올 것이다.

"아빠, 근데 이런 곳에서 금속탐지기 사용하면 불법 아니야?"

"불법은 마 찾아서 주믄 고맙다 해야제. 일단 찾고 보게."

동헌과 객사를 뒤적거려 봤지만 86년도 백 원짜리 하나, 녹이 탱탱 슨 돌쩌귀 하나, 복원하며 파묻어 놓은 쇠덩이 등 금속 쓰레기만 찾아 놓고 보니 사춘기 소년은 작은 실망과 함께 흥미를 잃고 삐삐삐 소리가 들리면 "저거 분명 가짜야. 보물일 리 없어."라고 찬물을 끼얹는다.

"이제 집에 가자."

아들은 금속탐지기 울림 소리에 빠져 버린 아빠를 타이르기 시작한다.

"야 시꺄, 한 번에 나오믄 그것이 거시기 것냐! 실패하다 보믄 성공도 허는 것이고 그런 것이제."

그래도 아들은 한참 재미 들린 아빠를 세상

한심하게 바라볼 뿐이다. 아들의 시선이 부담스러울 즈음 항시 내 편인 동생한티 습득한 금속들을 보냈다.

아들과 다르게 동생은 '우와!' 하며 기쁜 것인지 모호한 박장대소를 카톡 문자에 투하했다.

뒤통수가 가려웠다. 오늘은 처음이라 그렇다 치지만 맨날 이럴 수는 없겠다는 생각이 들었다.

겨우 정체를 알 수 없는 금속 몇점을 발견했고 무려 오백십 원을 습득했을 뿐이지만, 지금 방 한편에 잘 모셔 둔 백만 원짜리 금속탐지기는 로또복권처럼 내 마음을 므훗하게 한다. 나는 금속탐지기와 함께 언 땅이 녹는 봄을 기다리고 있다.

_이소연
들꽃이 좋더라

들꽃이 좋다는 사람에게
이 꽃은 얼마나 큰 사랑이 될까?

남편은 연애 시절 만날 때마다 프리지아 꽃다발을 안겨 줬다. 내가 생각 없이 프리지아꽃을 좋아한다고 해서다. 남편이 쓴 시 〈사랑 혹은 폭포〉에 "새벽별보다 귀밑머리가 이쁜 애인은/ 나를 타이르러 온 프리지아꽃, 꽃말로/ 지저귀는 어떤 혁명가, 어떤 하나님일 거야"라는 구절이 있다. 물론 내가 프리지아꽃을 좋아한다고 말한 건 맞지만 정말 좋아하는 건 아니었는데, 내 말 한마디 때문에 나와 그 사이에 일어나는 일들이 놀라워서 자꾸만 그에게 빠져들었다. 사랑은 기억하는 일이라는 걸 그때 배웠다. 상대가 스치듯 한 말도, 생각 없이 한 말도 기억해서 그것이 진실이 되게 만들어 주는 사람은 두말할 것도 없이 당신을 사랑하는 사람이다.

농부 친구가 들꽃을 꺾었구나. 그렇다면 누군가 친구에게 "들꽃이 좋더라." 했을까? 언젠가 친구가 묻기에 프리지아꽃을 좋아한다고 했더니, 외래종은 못쓴다고 했다. 대신 금계국이 지천인 때라 금계국을 꺾어 소주병에 꽂아 주었다. 함께 술을 마시는 내내 금계국을 바라보았다. 정이 들 만도 한데 금계국 좋다는 소린 안 나왔다. 그래도 들꽃을 꺾어 모아 쥔 손을 보니 아름답다. 들꽃이 좋다는 사람에게 이 꽃은 얼마나 큰 사랑이 될까?

내가 아는 의미
_이소연

모두 알 필요는 없다
한 사람이 가진 뿌리와 그가 지나온 계절과
그가 견딘 태양, 흔들렸던 바람과 처참했던
빗물까지 모두 알 필요는 없다

우리가 처음 만났을 때 내가 한 말을 농부 친구는 기억하고 있었다.

"난 반댈세!"

내가 한 말이라고? 내겐 반대할 권한이 없는 때였다. 이를테면 그땐 친구도 아니었다. 심지어 아는 사람도 아니었다. 그런 사람 일에 나는 무슨 반대씩이나 하고 나선 것일까.

반대… 반대… 읊조리다 보니 어렴풋이 기억이 났는데, 헤어진 여자친구를 다시 만나는 문제였던 것 같다. 잘 알지도 못하는데 얘기하는 걸 듣다가 힘든 연애를 한 것 같아서 그냥 아무렇게나 말한 것이다. 별 의미도 없고 생각도 없고 그냥 입이 심심해서 해 본 소리라고나 할까?

그런데 그 말을 기억하는 걸 보면 당시 그에겐 꽤 중요한 일이었나 보다. 처음을 기억하지 못하는 걸로 봐서 내게 처음은 별 의미가 없는 것 같다. 첫사랑도 그렇다. 지금은 기억도 안 나고 이름도 모른다. 과연 첫사랑이 맞을까? 의심스럽다. 결국 그날그날 기억나는 사람을 그냥 첫사랑이라고 할 때가 많았다. 첫사랑은 자꾸자꾸 뒤로 미뤄진다. 기억력 탓이다. 그런데 기분 따라 바뀌는 첫사랑들을 생각하면 너무 재미있다. "내 첫사랑은 고무신 신고 다니는 빡빡머리였어."라고 이야기했다가 "내 첫사랑은 대학 방송국에서 만났는데 5년이나 사귀었어."라고 한다. 어떤 날은 "내 첫사랑은 가장 끔찍한 연애였어. 그 사람 덕분에 기숙사에서 쫓겨나고 쪽팔리게 벽보에 이름도 붙었어."라고 했다가 "사실 내 첫사랑은 지금의 남편이야."라고 말한다. 그러니까 첫사랑은 아무 의미가 없는 것이다. 다시 말해 나는 과거에 집착하는 일 따윈 의미가 없다는 걸 아는 사람이라고나 할까?

    나는 지금 눈앞에 있는 사람에게 끝없는 확신을 보낸다. '네가 어떤 사람이었더라도 상관없어. 나랑은 지금부터 시작이야.' 그리고 나는 유년의 뒤뜰로 간다. 사랑하는 나의 앵두나무를 만나기 위해. 앵두나무는 내가 사는 동안 가장 아끼는 나무였다. 나는 내가 태어나기 전부터 그 자리에서 나를 기다려 온 나무를 이해하듯이 현재를 이해한다. 한 사람이 가진 뿌리와 그가 지나온 계절과 그가 견딘 태양, 흔들렸던 바람과 처참했던 빗물까지 모두 알 필요는 없다. 앵두가 붉다. 그러면 생각하는 것이다. 나를 기다렸구나. 처음보다 지금. 이것이 내가 아는 의미다.

_주영태
삼순이

삼순아
이뻐
이뻐
당게

삼순이는 내 바라기다. 머리부터 꼬리까지 흔들며 토끼도 아닌 것이 껑충껑충 뛴다.

그 모습이 우스꽝스럽지만 다리 짧은 삼순이가 뛰면 기분이 좋아진다.

내가 가장 좋아하는 구절초를 꽂아 줬는데, 우리 삼순이는 예쁘기보다 웃음이 난다.

저런 모습은 삐진 게 아니라 나 이뻐? 하고 뽐내는 것 같다.

"삼수나, 이뻐, 이쁘당게."

_이소연
사랑이 영원하다는 말

오래오래 시간이 지나야 비로소 얻어지는

감정이 있다는 것을 안다

지난가을 친구가 운전하는 차를 탄 적이 있다. 친구는 조수석에 앉은 내게 자꾸 산을 보라고 했다. 산을 보는데도 계속 산을 보라고 했다. 좋은 걸 같이 보고 싶어서 그런다고. 내가 보기엔 그냥 산인데, 그냥 산이 아니라며 저기 보이는 산이 얼마나 멋진 산인지 설명해 주고 싶어 했다. 별 말도 못 하고 감탄사만 늘어놓으며 계속 산을 보라고 했다.

"너는 농사짓고 살면서 맨날 보는 게 산인데 뭘 그렇게 호들갑이야?"

"긍게."

오랜 시간이 지나야 비로소 얻어지는 감정이 있다는 것을 안다. 시간이 결여된 상태에서는 도무지 알 수 없는 미래의 감정이 아주 멀리서 우릴 기다리고 있을까? 자연을 오래오래 끌어안고 사귀어 온 사람에게 또다시 다가오는 새로움에 대해서라면 나는 아는 것이 없다.

불현듯 석사 시절 교수님의 말이 떠오른다. 그때는 선뜻 동의하기 어려운 말이었다. "한 사람을 사랑한다는 건 날마다 그를 새롭게 보는 눈을 장착하는 것이다." 더 이상 새롭게 보지 못한다면 그것이 바로 권태고 상투라고, 사랑하는 사람은 모두 시인이라는 말은 그래서 일리가 있다고 했다. 언젠가 그 말이 이해된 순간이 있는데, 아무도 모르는 걸 나만 알 때였다. 당시 나는 지금의 남편과 비밀 연애 중이었다. 남편과 같이 듣는 수업 시간, 남편의 작품에 대해 돌아가며 이야기하는 중에 내 차례가 돌아왔다. 나는 비밀 연애가 탄로 날까 봐 일부러 괜한 혹평을 했다. 그리고 그가 진짜 슬퍼졌다는 걸 알았다. 다른 사람들에게도 혹평을 들은 터라 표정이 내내 안 좋았지만 내 말을 기점으로 그의 무엇이 미묘하게 무너지는 소리를 들었다. 아무도 모르고 사랑하는 사람만 아는 무엇이 있다면 사랑하는 사람만 볼 수 있는 새로움도 마땅히 있을 것이다.

산을 사랑하는 사람은 산이 만날 새롭고, 시를 사랑하는 사람은 시를 읽을 때마다 새롭겠지. 그런데 영원에 대해서라면 자신이 없다. 산은 저렇게 푸르고 날마다 새로워서 영원을 약속하는 것 같지만 사람은 영원을 믿을 수 없게 한다. 사랑하는 사람을 잃고 우는 영화는 왜 또 그렇게 많은지.

사람에게서 그 익숙하고도 믿음직스러운 초록빛을 본다면 사랑은 영원하다는 말이 지금처럼 터무니없이 들리진 않을 것이다. 사람의 사랑이 들판 같다면, 친구에게 매일매일 새롭게 보이는 산과 같다면, 빈 가지마다 다시 자라나는 무성한 나뭇잎처럼 사람이 사람을 떠나지 못할 텐데, 나는 몸이 아픈 날이면 남겨질 사람들이 그리워진다.

변함없는 자연은 가끔 누군가의 심장 한쪽으로 무너져 내리는 담벼락 같다.

_주영태
삐비 껍딱

가방을 열어 보이면
동무들 입이 쩍 벌어지게 만든 것도
삐비 껍딱의 푸름이었다

달큰한 칡뿌리 먹을 때가 지나면 삐비*가 나온다. 나같이 공부 못하고 까불기 좋아하는 아이들의 책가방엔 책 대신 삐비가 가득하다. 삐비 껍딱이라는 말이 있다. 삐비 속은 먹는 거고 속을 감싼 껍딱*은 버리는 것이라 "일삼오칠구 삐비 껍딱으로 보냐?"며 으르는 말도 있지만 난 삐비 껍딱이 좋다. 부드러운 삐비 속을 움켜쥔 건 다름 아닌 삐비 껍딱이다. 속없는 삐비 껍딱이 야속할 때도 있지만, 삐비 속은 오직 삐비 껍딱 안에서만 찾을 수 있지 않은가. 가방을 열어 보이면 동무들 입이 쩍 벌어지게 만든 것도 삐비 껍딱의 푸름이었다.

삐비는 어디든 가리지 않고 나지만, "야노무 시끼들아 방천 어 개져야." 소리를 들으며 쫓겨나지 않아도 되는 곳은 별로 없다. 막둥이 누나하고 나하고만 아는 비밀 장소가 있었다. 그곳에 가면 경쟁하지 않아도 금세 가방 한가득 삐비가 담겼다. 맴새이풀도 거까지 안 뜯으러 가도 되고, 허구한 날 삐비 쟁탈전을 벌이는 곳은 집 가까운 데라 아이들이 알아도 오지 않는다. 바람이 불면 삐비는 바람결 따라 살랑살랑 우리 텃골과 망골 밭까지 날아갔다. 먹거리가 지천인 요즘 가방 가득 싱그럽던 삐비는 다 어디로 갔을까, 물었더니 시인 동생이 싱그럽던 삐비는 다 그리움 속에 있다고 했다. 역시 시인이다.

*삘기
*껍데기

_이소연
질투, 나는 후회하지 않는다

산딸기를 딸 땐 어린 나이에도
꼭 어떤 마음을 훔쳐 내는 것 같았다

산딸기나무는 가시를 품고 있다. 게다가 넝쿨을 치며 크고 작은 풀을 죽이면서 자란다. 산딸기나무의 꽃말은 애정과 질투라고 한다. 흰 꽃이 지고 저리 붉은 열매가 맺히는 이유를 알 것도 같다. 농부 친구의 손바닥에 놓인 산딸기를 보자 부끄러운 연애의 한 장면이 생생하게 떠오른다. 내 사랑은 너무 쉽게 질투가 되어 버리곤 했다. 나는 애인이 나 말고 다른 사람과 전화하는 게 싫었다. 다른 사람과 약속 잡는 건 더 싫고, 마주 보며 밥 먹는 건 더더욱 싫고, 그때 미소라도 지었을까 생각하다 보면 화가 머리 꼭대기까지 솟구쳐서 그만 삭발해 버리고 싶은 심정이었다. 급기야 애인의 반려견조차 질투하는 지경에 이르렀다. 나의 질투는 상상을 초월한다. 나는 애인의 목구멍을 타고 넘어가는 소주도 질투하는 그런 몹쓸 사람이었다. 물론 내가 어리석었지만 내 탓만 할 수는 없다. 질투유발자들은 하나같이 확신을 주지 않았다. 확신 없는 애정은 늘 불안하다. 주인 없이 야산에 널려 있는 산딸기처럼 어느 누가 그의 뜨거운 심장에 손을 댈지 알 수가 없기 때문이다.

그러고 보니 산딸기를 딸 땐 어린 나이에도 꼭 어떤 마음을 훔쳐 내는 것 같았다.

탐스러운 사람을 보면 상처 나는 줄도 모르고 다가가 좋아하는 건 20대 중반에 끝이 났다. 이젠 함부로 질투하지 않는다. 애정이 없어서가 아니라 그 애정이 무기가 되는 순간 크고 작은 사랑의 가능성들을 소거하기 때문이다. 내가, 사랑하는 사람이 아끼는 이들을 존중해 주지 않을 때 가장 큰 상처를 받는 이는 바로 나였다. 그땐 왜 몰랐을까? 그래도 젊은 날의 질투는 붉고 탐스러웠다. 결코 지나치기 쉬운 감정은 아니다. 나는 후회하지 않는다.

시인 동생과 오배이골

_주영태

왜 오늘은 맨스플레인이라고 안 한대?

듣고 싶은 얘길 해주니까

나무를 베다 보면 상처 난 소나무에 송진이 굳어 있다. 나무보일러에 불이 꺼져 갈 때 송진 가루만 한 게 없다. 몇 차례 송진 가루를 뿌려 주면 금세 불이 붙어 잘도 탄다.

송진을 빻아서 뿌리는 동안 어금니 사이 침이 고인다. 소나무 새순 중 가장 두껍고 긴 가지를 꺾어 껍질을 벗기고 입에 문 채 좌우로 쓱싹쓱싹 도리질하면 나무에서 즙이 나온다. 그 향이 매우 상큼하다. 시인 동생과 오배이골을 산책하면서도 소나무 새순을 꺾었다.

"이것이 뭇인 줄 알아?"

동생은 모른다고 했다.

"이것이 '생키'라고 허는 것인디, 우리 어릴 때 이거 엄청 묵었어. 찔레순도 껍질 벗겨서 묵고 소나무에 난 개밥도 묵었어. 한번 묵어 봐."

뱉어 낼 줄 알고 건넸는데 동생은 맛있다고 한다. 참 희한하다.

'어릴 때 그 맛이 하나도 안 났는데 맛있다고 하네?' 처음 먹어 보니까 그 새로움 때문일까?

어릴 적 서울에서 손님이 오면 "그랬구~ 이랬구~ 뭐래니?" 하며 입 쭉 내밀고 말하는 아이들을 따라 한 적이 있다. 지금은 시인 동생의 맛있다는 말을 따라 하고 싶다. 옛날 그 맛이 안 나도.

"긍게, 오랜만에 묵으니 맛나네잉."

생키며 찔렁이, 삐비 등을 같이 먹으며 숲길을 걷다 보니 시간이 훌쩍 가 버렸다. 장황한 시골 이야기, 숲 이야기가 지루하기도 할 텐데 동생은 오랜만에 숲을 거닐어서인지 맑은 웃음 가득이다. 무엇으로라도 보답하고픈 웃음이다.

"이것은 써비슨디 가만있어 봐이?"
"뭐 하게?"
"새 불러 줄게."
"오빠가 부르면 새가 와?"
"응, 내가 부르면 온당게."

녹음해 간 새소리를 틀어 놓고 숨죽여 기다리자 어디선가 섬휘파람새가 와서 퍼득거린다. 새를 소환해 주겠다고 했는데 정말 새가 오니 깜짝 놀란 눈치다.

"농부가 못하는 게 뭐야?" 하는 동생의 말을 들으면 정말 세상에 내가 못할 일은 없을 것 같은 기분이 든다. 그럼 나는 한술 더 떠서 말한다.

"이런 것은 껌이제."

신경 써서 보지 않으면 안 보이는 것들이 지천인 숲을 거닐며 이것저것 알려 주는 재미가 쏠쏠하다. 걸핏하면 맨스플레인이라 걸고넘어지는 동생인데 오늘은 웬일로 다 듣고 있다.

동생의 입이 떠억 하고 벌여져 좀처럼 다물어지지 않는다. 마치 내가 보물 상자를 열어 보이기라도 한 것처럼.

"왜 오늘은 맨스플레인이라고 안 한대?"
"듣고 싶은 얘길 해주니까."

맨스플레인이 뭔지 갈수록 모르겠다.

_이소연
그가 내게 가르쳐 준 것들 가르쳐 준 것들

새들이 부르면 온다는 게 가능한 일일까?

그토록 자유를 갈망하는

새들이 자신의 의지로 어떤 부름에

응할 수 있다는 것이

나는 가르치는 사람을 싫어한다. 가르치는 사람의 성이 남자라면 안 그래도 싫은데 더 싫어진다. 어떤 남자들은 자신이 아는 것을 여자가 이미 알고 있을지도 모른다는 걸 조금도 염두에 두지 않는 것 같다. 그러면 나는 속으로 이런 말을 한다. '네가 아는 걸 내가 너보다 먼저 알고 있을 때가 몇 번인 줄 알긴 아냐?' 여성 차별적 태도를 경계할 줄 모르는 사람과 대화를 나눈다는 건 매우 곤욕스러운 일이다. 내가 그동안 참고 들어야 했던 숱한 가르침은 떠올리는 것만으로도 지루하다.

농부 친구와 친하게 지내면서 몇 번 맨스플레인이라고 지적한 적이 있다. 어느 날은 자기도 모르게 농촌 사회의 보수적인 생각으로 내 옷차림을 지적하기에 따졌다가 싸움이 되었다. 친구와 잘 지내고픈 마음이 오히려 싸움을 만든 것이다. 나는 이 싸움을 좋은 싸움이라고 부른다. 친구에게 애정이 없다면 일일이 따지지도 않았을 것이다. 나는 따졌고 친구는 고집을 꺾었다.

그때 우리는 좀 위태로웠지만 소리 높여 싸우지는 않았다. 좋은 싸움은 상대가 쉽게 설득되지 않았다고 해서 쉽게 포기하지 않는다는 법칙이 있다. 논리의 설득만이 아니라 감정의 설득과 경험의 설득까지 가능하도록 서로를 기다려 주었다.

단 한 사람의 이해로 끝나지 않고 서로가 서로를 견디면서 조금씩 서로의 매력을 알아 가는 싸움은 '포기하지 않는다'는 법칙 아래에서만 가능한지도 모른다.

나는 이 싸움을 통해 친구의 삶이 만들어 낸 부정적인 면과 아름다운 면을 동시에 볼 수 있었다. 이를테면 오배이골에서 새를 불러내는 그가 얼마나 아름다운지 설명하기란 힘들다. 새들이 부르면 온다는 게 가능한 일일까? 그토록 자유를 갈망하는 새들이 자신의 의지로 어떤 부름에 응할 수 있다는 것이 과연 현실적인가. 만화에서나 볼 법한 장면이 아닐까? 그가 자연의 정령들을 불러모으는 상상을 한다. 그가 하는 모든 말이 아름답다.

그런 날 그는 정말 최고의 선생님이 되었다. 나뭇가지를 꺾고 풀을 만지며 그 속에 숨은 많은 것을 내게 알려 주었다. 궁금해서 물어보려고 한 것들을 물어보기도 전에 알려 주는 이심전심.

그가 내게 가르쳐 준 것들을 끌어안고 산길 내려오던 때를 떠올리면 절로 입꼬리가 올라간다. 자꾸만 웃는 얼굴이 된다. 내려오면서는 주거니 받거니 시를 지었다. 다람쥐를 보면 다람쥐로 무당벌레를 보면 무당벌레로 솔잎을 보면 솔잎으로 끝도 없이 시를 지었다.

_주영태
담배와 할매

할아버지들은 봉초를 태우고 할머니들은
긴 장미를 태우셨다 담배를 어찌나 가깝게
여기며 자랐는지 나는 꽁초가 되었다

친구와 담배에 대해 이야기하다 궁금해졌다. 담배가 과연 남자의 전유물일까? 그런 질문을 하면 나는 단박에 할머니 생각이 났다.

우리 할매는 담배를 한 대 태워도 갈증을 달래듯 여러 번 나눠 태우셨는데 너무 맛나게 태우셔서 어린 나도 한 모금 빨았다가 곧 죽는 줄 알았다.

"에이, 이런 걸 왜 펴? 할매는 이게 왜 맛있어?"

그렇게 내 속은 기분을 다 말해도 할매는 담배를 즐기듯 허공을 바라보셨다. 두어 모금 태우시고 꺼 놨다가 또다시 화로에 숨은 불씨로 불을 붙이고는 한 모금씩 빨아 삼키길 반복하셨는데, 나는 삼킨 연기가 다시 할매 코로 나오는 게 그저 신기했다. 할매가 담배 피우는 이유에 대해서는 고사리 꺾으러 가서 할매와 도란도란 이야기할 때 들은 대답이 어렴풋이 기억난다.

할머니는 열다섯에 시집와서 삼 남매가 아닌 구 남매를 낳았는데, 그중 여섯을 잃었다고 하셨다. 그렇게 일곱째인 아버지가 첫째가 되면서 할머니는 아버지 똥도 맛보셨다고 한다. 달면 죽고 쓰면 산다는 당골래의 말을 믿으신 것이다. 할매의 담배는 타르나 니코틴이 든 게 아닌 듯싶다. 내 생각엔 필시 애환이 들었다. 지금 같으면 상상도 못 할 일이지만, 할매는 아버지를 잉태하고 입덧이 너무 심하자 큰할매의 권유로 담배를 태우기 시작했다고 한다. 현대 의학으로 본다면 말도 안 되지만, 임신 중에 흡연을 하고도 문제가 없었다니, 오히려 입덧에 도움이 되었다니 신기한 일이다.

'배냇저고리를 다 짤 때까지 한 번도 궁둥이를 떼지 않으면 죽을 아이도 산다'는 당골래의 말에 고모할매는 대소변도 못 보고 저

고리를 완성하느라 며칠씩 누워 계시기도 했다고 한다. 고모할매는 "하진아, 내가 너 살렸다. 효도해라."하시며 할머니의 심기를 불편하게 만든 일이 한두 번이 아니었다. 그러고 보니 우리 큰할매, 할매, 고모할매 모두 애연가셨다.

할아버지들은 봉초를 태우고 할머니들은 긴 장미를 태우셨다. 담배를 어찌나 가깝게 여기며 자랐는지 나는 꼴초가 되었다. 여자 친구와 담배 이야기를 하다가 문득 오히려 농촌 사회에서 여성의 담배에 더 관대했던 게 떠올랐다. 백해무익이라 하지만 그 한 개비에 슬픔을 묻었던 할머니에겐 담배가 그저 속 달래 주는 위장약 같았을 것이다. 그러니까 담배는 그 옛날에도 지금도 남자들의 전유물은 아니라는 말을 하고 싶은 것이다. 페미니스트 시인 동생이랑 놀았더니 나도 덩달아 페미니스트가 된 기분이 든다. 남자 여자 갈라서 편견 갖는 일은 되도록 줄이려고 갖은 애를 쓴다. 근데 담배 끊으라는 친구에게 같이 태우자고 말할 것도 아닌데 이런 생각은 왜 들었는가 모르겠다.

_이소연
커피와 담배

담배를 보면 커피가 생각난다. 대학 시절 짐 자무쉬의 영화《커피와 담배》에 매료된 적이 있는데, 술과 담배보다 커피와 담배가 주는 나른하면서 각성되는 느낌에 사로잡혔다. 영화의 주인공들은 주야장천 담배를 태우고 커피를 마시고 또 담배를 태우고 커피를 쏟고 다시 따르고 마시고를 반복한다. 테이블이 클로즈업될 때마다 새로울 것 없는 장면이지만 나는 한시도 눈을 떼지 않았다. 그냥 그 모든 게 아름다웠다. 지루하게 더듬더듬 끊기고 이어지는 장황한 대화들은 하나도 기억나지 않고 내게 남은 게 커피와 담배뿐이어서 좋았다. 식어 가는 커피와 짧아지는 꽁초들이 나를 자극한 러닝타임. 나도 누군가와 그런 시간을 보내고 싶었다. 하지만 담배를 그렇게 태울 만한 건강이 아니어서 누구와도 영화 속 그 느낌을 제대로 재현해 볼 순 없었다. 게다가 금연법 때문에 담배를 태우며 커피를 마실 수 있는 카페를 찾기도 힘들다. 아쉽다. 좀 더 일찍 태어날걸. 이왕이면 유럽에서 태어났으면 좋을 뻔했다.

　　담배는 물 건너갔지만 커피는 나를 구한다. 아침에 일어나 마시는 첫 커피는 매우 소중하다. 침실로 햇살이 들이닥칠 때쯤 이불 속을 파고들며 커피 가는 소리를 듣는다. 그때부터 행복하다. '조금만 더 기다리면 커피 향이 나를 덮쳐 오겠군.' 그러다 보면 남편이 커피가 담긴 머그컵을 내밀며 내 이름을 부른다. 아, 아침 커피를 내밀어 주는 사람은 하루치의 행복을 주는 사람이다. 그리고 지금 기억하는 가장 웃기고 재미있는 커피 타임은 농부 친구와의 커피 타임이다. 초여름이었나, 전날 술자리가 끝나고 다들 늦잠에 빠져 있는데 나의 커피부림 때문에 졸음을 털고 일어난 농부 친구가 내려 준 커피 맛을 어떻게 잊을까. 절대 못 잊음.

뒷마루에 앉아 방금 내린 핸드드립 커피를 마시며 도란도란 대화를 나누는데 농부 친구가 막걸리나 숭늉처럼 커피를 입속으로 털어 넣는 걸 보고 말았다.

"커피는 따숩게 마셔야 혀."

"커피를 누가 그렇게 마셔. 커피는 대화하면서 홀짝홀짝 마셔야지. 촌스럽게. 커피가 숭늉이야?"

"그랴? 글먼 인자부터는 찬찬히 마실게. 다시 줘 봐."

나는 내 컵에 담긴 커피를 절반쯤 따라 주었다.

"나랑 똑같은 속도로 마셔, 알았지?"

"응, 동상 말대로 헐랑게."

그런 말을 하는 중에 또 원샷을 하는 농부 친구다.

"또 다 마시면 어떡해?"

그러자 농부 친구가 입 안에 머금은 커피를 다시 컵에 뱉어 놓는 게 아닌가!

자기도 모르게 습관처럼 들이켠 커피를 뱉는 모습이 너무 웃겨 그 자리에서 쓰러지고 말았다. 나는 좀처럼 포기를 모르지만 농부 친구가 커피 마시는 속도만큼은 더 이상 관여하고 싶지 않다. 농부 친구는 커피를 빨리 마셔서 매력적인 것 같다. 촌스럽다는 말 취소!

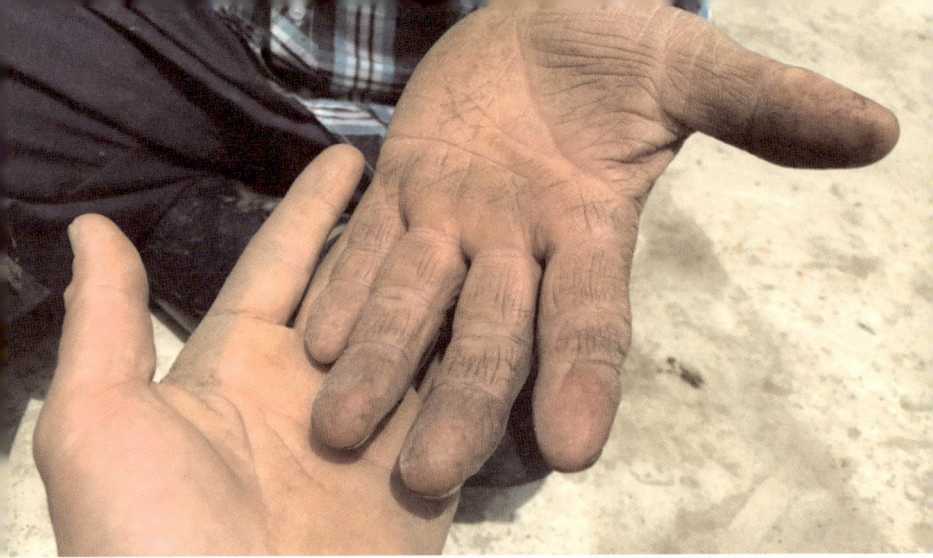

_주영태
손의 일기

이 손은 엥간헌 까시도 안 백혀야

"아재, 손에다 콜드라도 바르제 그요. 손이 꼭 발바닥같이 생깃네요."

아재 손은 엥간헌 까시도 안 백히게 거칠다.

"그런 소리 말어라. 이 손은 엥간헌 까시도 안 백혀야. 근디 물 묻어서 굳은살이 갈라지믄 징허니 애립드라. 농사 끝나믄 도로 암시랑 안 해진게 껵정 말고. 너도 금방 내 손 따라오것다. 너나 콜드도 바르고 뭇이나 바르고 댕겨라."

시인 동상 손은 딱 글 쓰는 손이다. 손이 고운 동상 앞에 내 거친 손을 꺼내 놓기가 멋쩍을 때가 있지만 요즘 들어 로션 바를 시간도 없다. 농사일도 많고 기계일도 많아서 잠시 쉴 틈도 없다.

"올해 쌀금은 어쩐다고 하데? 논에다가 뭇 숭구끄나."

몸이 망가진 만큼 농민들이 지켜 내는 가치는 천문학적 가치라 들었는데, 우리 농민들이 심는 나락값은 개 사료값만도 못하다. "쌀값은 농민값이다!" 구호를 외친 지 30년이 다 되어 간다.

엥간헌 가시는 안 백히던 우리 몸도 골병이 들었다. 마음엔 울분이 가득하다. 언제나 아재가 있고, 아짐이 있고, 내가 있고, 서로 의지하는 마음이 있으니 농민도 대접받는 날이 곧 올 것이라 믿는다. 뭇이라도 해야것다.

농부랑 친한 시인
_이소연

숨겨 놓고 싶기도 하고
자랑하고 싶기도 하고
그런데 어디다 두지?

나는 토끼풀만 보면 쪼그리고 앉아서 네잎클로버를 찾곤 한다. 가장 재밌다. 찾는다는 건 언제나 기쁨을 예고한다. "찾았다!" 소리칠 수 있는 기쁨을 준다. 게다가 네잎클로버를 찾았다고 하면 시시해할 사람이 거의 없다. 네잎클로버는 돌연변이라던데….

나는 뭔가가 달라서 찬사를 듣는 세계를 몹시 흠모한다. 친구도 그런 친구를 찾는다. 평범한 친구보다는 특별한 친구를 찾고 싶어 한다. 그리고 찾았다! 내 또래 시인 중에 농부랑 친한 시인은 나밖에 없을 것이다. 쌀도 보내 주고 감자도 보내 주고, 어떤 날은 닭장에서 꺼낸 따뜻한 달걀이 가득한 바구니를 들려 보내는 친구가 있다고 자랑하고 싶다. 달걀을 들고 KTX를 탔을 때 사람들이 다 나를 쳐다봤다. 사람들이 쳐다보는 게 좋았다. 꽃다발을 들고 탄 것처럼 좋았다. 친구는 네잎클로버를 내 시집 사이에 끼워 두었다고, 잘 말려서 내게 준다고 했다.

막무가내일 것 같은 투박한 손으로 조심조심 바구니에 달걀을 꺼내 담고, 네잎클로버를 책장 사이에 끼우는 마음은 생각만 해도 소중해서 어디다 둘 데를 못 찾을 정도다. 숨겨 놓고 싶기도 하고 자랑하고 싶기도 하고…. 그런데 어디다 두지? 나는 잘 둔 물건은 아무렇게나 둔 물건보다 못 찾는다. 그냥 아무렇게나 둬야겠다. 다만 장담할 수 있는 건 내가 이런 친구를 찾았다고 하면 시시해할 사람이 아무도 없다는 것이다. "나도 농부 친구랑 친해지고 싶어!" 하는 소리를 엄청 들었다.

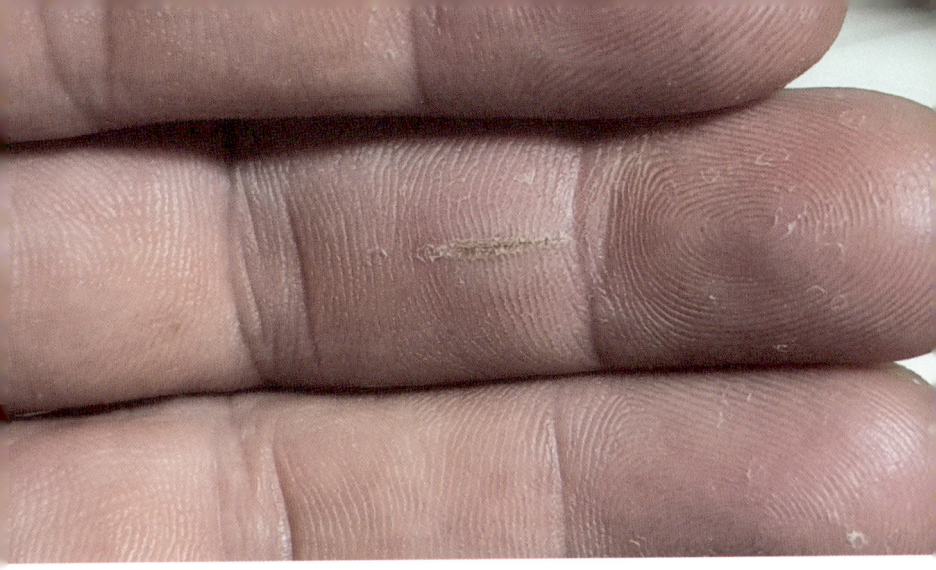

고창 농부의 매력

_이소연

그거 아까 운전석 닦은 수건 아니야?
친구는 뭐가 문제냐는 투로
"뒤집어서 닦았응게"라고 했다

농부 친구의 손가락 상처가 덧났다. 나를 트랙터에 태우고 찔레가 우거진 무넘기를 넘어오다가 저리 되었다. 내가 가시에 찔릴까 봐 늘어진 나뭇가지를 치워 줬는데 자기 손가락엔 피가 뚝뚝 떨어지고 있었다. 나는 거의 울상이 되었지만 친구는 아무렇지도 않다고 했다.

나 같으면 울고불고 난리가 났을 상처인데 친구는 대수롭지 않게 여겼다. 상처가 오래가는데도 괜찮다고만 한다. 몸에 대한 저런 무심함은 어떻게 생기는 걸까. 얼굴에 난 뾰루지 하나에도 근심하는 나란 인간은 범접할 수 없는 세계다.

고창에 놀러 오면 트랙터 태워 주겠다고 큰소리를 치던 친구지만, 진짜 트랙터를 탈 거라곤 생각도 못 했다.

트랙터는 친구의 동네 형 집 마당에 세워져 있었다. 좁은 마당을 꽉 채운 빨간 트랙터를 보니까 갑자기 사람이 달라 보였다. 텃밭이나 가꾸는 소박한 농사꾼하고는 차원이 다른 농부의 위용이 온몸에서 뿜어져 나오는 것 같았다. 나는 동물원에서 커다란 코끼리가 코를 드는 것처럼 트랙터를 올려다보았다.

'나는 어디에 타지? 자리가 하나밖에 없는데?'

친구는 먼지가 내려앉은 트랙터 운전석을 마른 수건으로 닦아낸 뒤 마당 한편에 있는 수돗가에서 찬물로 세수를 했다.

친구가 손바닥으로 받은 물을 얼굴에 끼얹을 때마다 물방울이 사방으로 튀었다. 나는 그것을 한참 동안 바라보았다.

'겨울이 되면 오늘 본 여름이 그리워질 것 같아.' 생각했다.

친구는 툇마루에 가서 아까 트랙터 운전석을 닦은 수건으로 얼굴을 닦았다.

"오빠, 그거 아까 운전석 닦은 수건 아니야?"

친구는 뭐가 문제냐는 투로 "뒤집어서 닦았응게."라고 했다. 고창 농부의 매력은 어디까진가. 충격적이다. 지저분한 수건으로 물기를 닦아도 친구의 얼굴은 말갛게 개었다.

친구가 트랙터에 시동을 걸고 아까 수건으로 닦은 자리에 나를 앉혔다. 그러고는 서서 운전을 했다. 친구가 위험해 보여서 이제 그만 내리겠다고 하려 해도 멈출 수 없는 즐거움이었다. 놀이기구보다 더 재미있었다. 게다가 청보리밭에서 예전저수지까지 가는 길이 너무 예뻐서 꼭 영화의 주인공이 된 기분이었다.

_이소연
물들지 않고는 가까이할 수 없는 세계

꺼리는 마음으로는
한 사람에게 단 한 발자국도
내딛지 못한다

뽕나무에 흰 것이 날린다. 보푸라기가 흩날린다. 저 뽕잎을 먹고 누에는 몸을 바꾸어 실이 된다지. 농부 친구의 손바닥이 오디에 물들었다. 어릴 적 생각이 났다. 친구는 나보고 도시 사는 시인 동생이라고 하지만 나도 예전엔 뽕나무가 지천인 동네에 살았다. 오디철이면 학교에서 돌아와 어김없이 오디를 따 먹었다. 입술이 시꺼멓게 물들어도 흰옷이 검게 바뀌어도 나무에서 내려오지 않았다. 동네 어귀의 목장까지 가서 흰 우유를 받아 오던 엄마가 나를 불렀다. 그러면 나는 엄마에게 가장 잘 익은 오디를 주려고 호주머니 가득 담았다. 나무에서 내려와 호주머니에서 오디를 꺼냈다. 주머니 속은 이미 난장판이고 나는 온통 오디로 물들었다. 뭉개진 것을 빼고 나면 남는 오디는 몇 개 되지도 않았다. 그중에서 가장 예쁜 것을 골라 엄마 앞에 내밀었다. 엄마는 오디를 하나 집어 먹으면서도 "아이고, 애가 입이 그게 뭐야, 옷은 뭐고. 누에벌레가 따로 없네." 했다. 엄마는 따라올 생각 말고 뽕나무에서 자라고도 했다. 나를 혼내는 엄마 얼굴이 주머니 속 오디처럼 뭉개졌다.

친구는 트럭에 올라가서 오디를 땄다고 했다. 오디를 따면서 몇 개쯤은 입으로 가져갔을 테고, 몇 개는 더 익으라고 놔뒀을 테고, 몇 개는 떨어뜨렸을 것이다. 넓은 뽕나무 잎사귀에 친구의 얼굴이 가려졌다 훤하게 드러났겠지. 그리고 거기 잘 익은 오디가 있었겠지. 저걸 한주먹 따 모은 친구는 사진 찍을 생각을 한다. 나를 물들이려고.

뽕나무는 우리가 서로에게 얼마나 쉽게 물들며 살아가는 존재인지 알려 주려고 열매를 맺는 것 같다. 물들지 않고는 가까이할 수 없는 세계가 있다는 걸 안다. 나는 친구를 사귈 때면 최선을 다

해 물드는 편이다. 친구의 말투, 친구의 식성, 친구의 생각에. 그 모든 것에 물들지 않으려는 건 꺼리는 마음이다. 꺼리는 마음으로는 한 사람에게 단 한 발자국도 내딛지 못한다. 그래서 말인데, 요즘 자꾸만 전라도 사투리가 입에 밴다.

_주영태
아서라, 아서

글안해도 친환경 농사 짓는다고
미친놈 소릴 들어싸서 심란한데
고라니가 새끼까지 낳아 부러서…

콩잎 싹만 떼어 먹는 고라니가 작두콩밭에다 해산을 한 모양이다. 콩밭이 쑥대밭이 되었다. 글안해도 친환경 농사 짓는다고 미친놈 소릴 들어싸서 심란한데 고라니가 새끼까지 낳아부러서, 저것들을 주게 마러 해 놓고도 귀여운 새끼를 보니 입꼬리가 지게 바작만 해진다.

"어찌고 요로고 인형처럼 이쁘까이. 얌마, 세상 나온게 어찌냐?"

처음 안았을 때는 깨엑깨엑 날카로운 소리를 내며 발버둥 치더니 쓰다듬어 주자 금세 나를 따른다. "그래도 나랑 친하믄 못 쓴다잉." 지 새끼 두고 내뺀 애미는 풀섶에 숨어 소리치는 새끼를 금세 데리러 올 것이다. 어미와 떨어진 새끼는 고양이나 너구리, 삵만 잘 피하면 재회할 테지만… 욕심이 돋는다. 키워 볼까? 고라니는 키우기 쉽다는데…. '아서라, 아서. 자연사 끼어드는 게 아니다. 어쩔 수 없는 상황이 만들어지면 모를까 아서라, 아서.' 풀 깎다 만난 고라니 새끼 덕에 땀도 식었으니 그저 고맙구나 하고 놓아 준다. 우리 밭은 야산을 까지 않고 8000평이 한 곳에 넓게 펼쳐져 있어 고라니가 딱히 숨고 지낼 만한 공간이 없다. 그런데 친환경이랍시고 게으름을 부린 덕에 풀이 자라서 고라니 보금자리가 생겼겠구나, 짐작할 뿐이다.

_이소연
고라니라니

"순한 고라니는 순한 잎만 먹고 살아."

고라니에 대해 농부 친구가 꺼낸 첫마디다. 순한 사람이 되어 순한 꿈을 꾸며 살고 싶게 만드는 말이다. 순수하고 맑은 사람을 보면 이슬만 먹고 살 것 같다는 말을 하는데, 먹는 것과 먹는 자의 내면이 닮았다고 믿는 사람들이 모여 사는 마을을 그려 본다. 이것은 시가 될까?

나의 농부 친구는 담배와 술 없이 살기 힘든 사람인데, 그리고 가끔 돼지도 잡고 닭도 잡는데, 내장탕 한 그릇을 뚝딱 비우고 낚시하러 가서는 허벅지보다 굵은 가물치를 잡아 오는데, 나는 그가 여전히 아름답고 순한 사람이라고 생각한다. 그럴 수밖에.

"손 위에 고라니라니!"

새끼 고라니 한 마리가 순하게 그의 손에 올라가 있다. 육식공룡과 초식공룡이 친구가 되기도 하는 만화 이야기가 현실에서 일어나는 것 같다. 잡아먹으려고 했다가 얼떨결에 초식공룡의 아빠가 되어 버린 육식공룡처럼 농부 친구도 잡아 죽이려던 고라니를 끌어안게 된 이야기를 해 주었다. 사랑하는 마음은 그 모든 걸 가능하게 만들고 어떤 순간에는 숙명을 기꺼이 허물어뜨린다. 분노의 감정도 혐오의 감정도 살풋 뛰어넘게 만드는 귀여움이다.

콩잎 싹만 떼어 먹는 고라니 때문에 골치가 아프다면서도 귀여운 고라니를 보고는 어찌할 도리가 없어진 친구의 이야기를 듣는 일이 내내 좋았다. 내일도 모레도 고라니 얘기를 들려줬으면 좋겠다.

_주영태
고양이일까?

자껏 보고 있으믄 이뻐 죽것드랑게 하고
내 놓는 말이 도시에 나간 손주가
그립다는 말처럼 들린다

어미 닭을 따르는 병아리들의 걸음은 너무 귀여워 만지고픈 마음이 인다. 한 마리 잡아 안으려 하면 고 찌깐한 병아리가 흩어졌다 금세 다시 모인다.

부화장에 다니는 친구가 병아리 남았다며 400마리나 줘서 마을은 병아리를 키우는 굿*이 되었다. 아짐들이 병아리를 보고 "자껏 보고 있으믄 이뻐 죽것드랑게."하고 내놓는 말이 도시에 나간 손주가 그립다는 말처럼 들린다. 병아리가 마치 아이라도 되듯이 어르고 달래며 좋아하신다.

길고양이가 저만치 먼 데서 지나치는 것만 봐도 지팡이를 휘휘 저으며 "저리 가. 훠이! 훠이!" 몰아치신다. 아짐의 혼잣말은 고양이가 시야에서 사라졌는데도 연속이다.

"잡녀러 것이 지사 지낼라고 걸어 논 것을 물어가 불드랑게. 긍게, 저것들이 어디서 저로고 오능가 모르것네."

그날 저녁 뭇짐승은 우리에 있는 병아리 머리만 톡톡 떼어 먹고 사라졌다. 의심이 가는 건 먼발치에서 본 고양이인지라 아짐은 고양이만 보면 "에요 잡녀러 것." 하시며 뒤쫓는 시늉을 하신다.

이런 마을 이야기를 써서 시인 동생에게 보내면 고양이 편을 든다. 고양이를 그리 좋아하지도 않는다면서 아짐에게 수난당하는 고양이가 불쌍했나 보다. 그리고 얼마 후 시인 동생이 책 선물을 보내 주었다. 《우리도 크면 농부가 되겠지》이오덕 선생님이 엮은 학생들의 글 모음집이다. 내가 보내 주는 이야기와 농촌 아이들 이야기가 오버랩되었나 보다.

"비문 많고 글 쓰는 기술이 부족해도 솔직한 글은 아름다워. 그래서 오빠 글이 좋아."

동생의 그 말이 자꾸만 글을 쓰게 만든다. 내 모자란 글 속에 보석 같은 게 반짝이고 있다는 생각만 해도 온종일 기분이 좋다.
  머리맡에 두고 가끔 한 번씩 보는 이오덕의 책은 어린 시절 나와 함께 했던 또래들을 마구 떠올리게 한다. 내 글 보고 칭찬을 아끼지 않을 시인 동생 생각에 글 한 줄 써 보려 하는데 소싯적 이야기에 취해 자꾸 술잔에 술만 붓는다.

*땅이 움푹하게 파인 곳

2부 농사도 짓고 시도 짓고

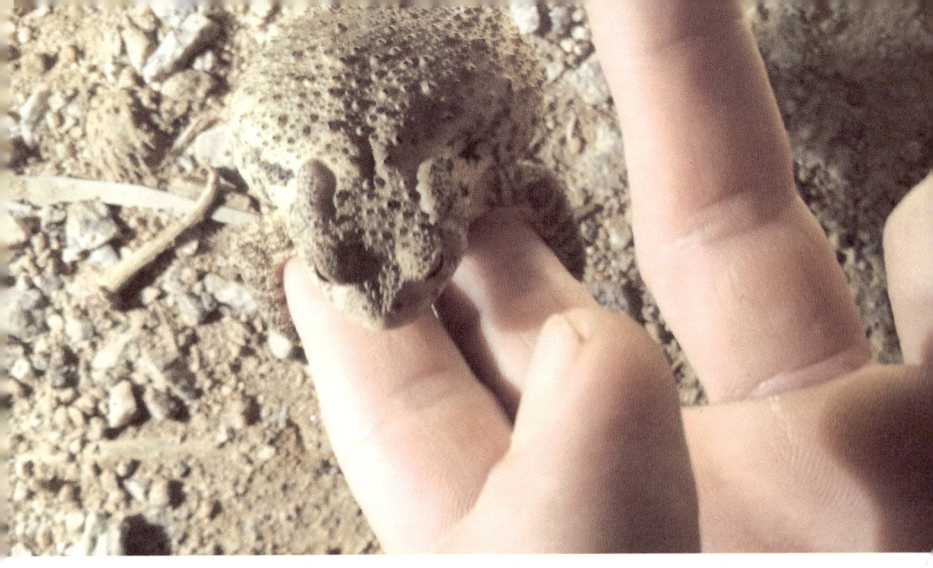

_이소연
삶에 진 기분

찰싹 달라붙어 버릴까?

에잇 나도 누가 내민 손바닥 같은데

한밤중에 자전거를 타다가 만난 두꺼비라고 한다.

"인자 하다하다 별것이 다 붙어야?"

친구는 자기 같은 "홀애비한테는 허구헌 날 모기 파리 고런 것만 붙어 싼다."고 한다.

손 위에 찰싹 달라붙은 두꺼비가 신기하다. 저 두꺼비는 자신의 운명을 알고 있을까? 자연의 섭리에 따라 움직이는 동물을 보면 의지를 가진 인간이야말로 가장 아둔하다는 생각이 든다. 하루 종일 우울한 생각을 떨쳐 내지 못했다. 그러다 친구에게 두꺼비랑 한참 동안 논 얘기를 듣자니 산다는 게 별건가 싶었다. 욕심내지 말고 딱 친구처럼만 살아야지. 복화술 같은 두꺼비의 말을 대신 해 주는 친구는 오늘도 시를 한 편 썼고, 시인인 나는 허탕을 쳤다.

에잇, 나도 누가 내민 손바닥 같은 데 찰싹 달라붙어 버릴까? 운명 같은 거 내맡겨 버리면 속 편할 텐데…. 의지란 오래 둔 감자 한 알에 돋아난 싹과 같아서 키워 낼 마음 없인 쉽게 도려내 진다. 난 가끔 사람에게 졌다기보다 삶에 진 기분이 든다. 키워 내는 것도 도려내는 것도 나여서 내가 싸워야 할 상대는 그 누구도 아니란 생각에 오늘은 자꾸 아무에게라도 달라붙고 싶다.

_주영태
농사도 짓고 시도 짓고

아이구! 이 무식한 성들아
나는 천재라여!

"뭐야, 지진 난 거야?"

"그것이 아닌디. 이것은 그 장마통에도 내 논 잘 말랐다고 보내준 사진인디…."

나락이 새끼를 치고 첫 물떼기를 보름 정도 하면 저리 쩍쩍 갈라져야 기존 뿌리가 끊어지면서 새 뿌리가 나온다. 튼튼한 뿌리가 새로 나야 영양분도 더 잘 빨아들이고 태풍이 불어도 덜 자빠지는 것이다.

"근데 손은 왜 넣는대?"

"나만의 농법이제. 물 댈 시기를 놓치믄 안 되게 손이 저만치 들어가믄 물 대야것다 하고 점치는 것이제. 저 벌어진 틈이 본드 발라 놓은 것처럼 없어져. 신기하지?"

"우와, 놀랍다. 본드를 붓는 거야?"

"오매! 아니, 그것이 아니고 물이 닿으면 땅이 불어서 원상복귀 된다고. 내가 시적으로 표현헌 거여. 어째 척허믄 척허고 못 알아묵는대?"

"내가 그걸 어떻게 알아?"

시인 동생은 호기심이 어마어마하다. 시랍시고 보내고 시라고 할랑가 아니라고 할랑가 조마조마 답을 기다리면 매번 엉뚱한 물음으로 당황스럽게 한다. 그래도 질문이 다 끝나고 나면 귀찮을 법도 한데 항상 아이 어르듯 잘 썼다고 한다. 시인 동생이 잘했다 하믄 진짜로 잘하는 줄 알고 기가 살아서 농형제들에게 "여봐, 시 썻응게 읽어 줄게." 하면 "시인 납셨네." 하고 놀려 댄다.

"니미, 성들이 시에 대해서 뭇을 안가? 서울 사는 시인 동생이 잘 쓴다고 뙤약볕에서 일하지 말고 글을 배와서 쓰면 대박 나것다고 했는디." 항변하면 "인자는 글 써서 쪽박 차 불라고 그냐? 밥이나 묵자 배고픈게. 시가 밥 안 맥여 준다." 하고 낄낄댄다.

농형제들이 그러거나 말거나 시인 동생은 항시 진지하다. 많이 배와서 근가 달라도 겁나게 다르다. 문어체가 어떻고 구어체가 어떻고 은유가 어떻고 오빠는 천재 같다고 그런다. 그런 말을 듣는 날은 '아이구! 이 무식한 성들아, 나는 천재라여!' 속말을 한다. 그리고 더 신이 나서 동생이 일러 준 대로 농촌 사는 우리 모습을 솔직하게 쓰다 보면 가끔 착각 아닌 진심 어린 칭찬을 듣기도 한다.

그래도 "왜 잘 썼다고 하는지 알겠어?"라는 동생의 질문은 항시 어렵다.

"긍게, 근디 모르것어." 인정한다.

그럼 동생이 뭐라뭐라 설명을 하는데 알아먹기가 힘들고 그냥 좋다는 것만 알겠다.

못 알아먹어도 좋다. 여기가 좋고 저기가 좋다며 구절구절 짚어 주는 동생의 말에 점점점 신뢰를 느낀다. 참말인가?

_주영태
전라도 모기

한글 파일을 복사해서
USB에 옮겨 담아도
여전히 내 컴퓨터에 남은 원본 파일처럼
내 마음은 내게 있다 그럴 땐 고민이 된다
지울까 말까?

모깃불을 놓고 밥상에 둘러앉은 식구들은 쑥 연기가 매캐할 법도 한데 누구 하나 맵다거나 컥컥거리지도 않는다. 교문 앞 점방에서 경상도 아저씨가 "전라도 모기가 이리 쎈교?" 물파스를 바르며 투덜투덜이다.

여름날 등굣길, 살성 약한 아이들은 눈탱이가 붓고 코빡이 벌겋게 되어서는 볼태기에 아까징끼를 바르다 말고 서로 몇 방 물렸는지 자랑질이다. 감나무와 가죽나무에 붙어 있다 떨어진 쐐기가 두드러기를 일으켜도 소금물로 씻고 된장 바르면 그만인 시절이 있었다. 그러나 밤중 모기는 언제나 내 눈동자를 가르게 한다. 윙윙윙~~~ 소리로만 그 거리를 가늠한다. 바로 지금이다 싶어 모로 누운 채 손뼉을 쳤다. 소리가 그치고 모기는 운명하셨다. 아, 누구라도 보고 있었으면 좋을 텐데, 몹시 아쉽다. 그래도 의기양양 혼잣말을 내뱉어 본다.

"까불고 있어."

지인 중에 별난 이가 있다. 애칭은 벌레다. 생태전문가라 발 딛고 설 수 있는 곳이라면 어디든 다닌다. 쇠똥구리와 늑대를 보러 몽골까지 가는 벌레박사다. 삵이나 담비를 보겠다고 한겨울에 난로 하나 없이 두꺼운 옷으로만 장시간 버티는 그런 사람이다.

형은 벌레박사답게 모기 물린 팔뚝을 그대로 둔다. 마치 헌혈하는 것처럼. 그리고 빨갛게 배가 불거지는 모기를 관찰하는 데 여념이 없다. 대단한 열정이다.

그런데 서울 사는 시인 동생은 밝은 빛을 보고 달려드는 나방도 모기도 다 무섭다고 한다.

그런 동생에게 "동상, 저것들은 동상 보믄 더 놀래." 말해도

"으악! 으악!" 악쓰기 일쑤다. 참으로 보기 드문 광경이긴 하다. 모기에 물린 동생의 피부는 금세 빨갛게 부어오른다. 안쓰러워 "내 침이 약인디" 하면 더럽다고 더 악을 쓴다.

"다 묵고 살것다고 하는 짓인디, 살려믄 어쩔 수 없는 것인게 이해해야지. 원래 많이 배운 사람이 이해하는 것이여." 하면 오래비한테 욕도 막 퍼붓는다. 그러다가도 "그나 동상 피가 맛난갑네. 여그 있는 사람 하나 안 무는디 동생만 무는 것이." 하는 아재개그를 받아 준다.

그날 추억이 생각나서 잠을 설치며 잡은 모기를 굳이 사진 찍어 보낸다.

나도 동생이 들려준 이오덕과 권정생 이야기처럼 살면 좋겠다. 권정생은 자기가 쓴 낙서 한 장까지도 이오덕에게 맡겨 놓고 싶어 했다는데, 나도 모기 잡은 하찮은 이야기까지 다 동생에게 맡겨 놓고 싶은 밤이다.

벌레형의 열정이나 내 열정이나 이 정도면 우열을 가리기가 힘들지 않을까?

_이소연
마음은 근육

모기를 싫어한다. 모기에게 너무 많이 물렸다. 세상 살면서 이런저런 괴롭힘을 당했는데 그중에서도 모기는 죄질이 특히 나쁘다. 손톱보다 작은 벌레라곤 하지만 민첩하고 약삭빨라서 잘 잡히지도 않는다. 약 올리는 것만큼 잔인한 게 없다. 게다가 이놈의 모기는 품위 유지를 일생의 목표로 삼은 나를 어린애처럼 칭얼대게 만든다. 내가 아무리 성숙하고 고고한 생각을 하는 사람이라 할지라도 아무 소용이 없다. 모기는 나를 한낱 피주머니로 여기는 듯하다. 모기에 물린 종아리를 긁으며 피를 내듯 멀어진 친구들을 떠올린다. 아무래도 사람은 사람에게 피주머니조차도 되지 못하는 것 같다.

마음을 준다는 건 어떤 것일까, 생각하느라 잠이 오지 않는다. 오랫동안 생각하고 또 생각해도 마음은 주는 게 아닌 것 같다. 누구든 심장은 하나뿐이고 이 밤의 고요 속에서 하나뿐인 심장이 뛰고 있다. 그러니까 누굴 사랑하든 그 사랑의 주인은 나다. 내가 준 마음을 받은 사람이 나를 떠나가도 내 마음은 여전히 내게 있다. 마음은 줘도 준 게 아닌 상태로 남아 있다. 한글 파일을 복사해서 USB에 옮겨 담아도 여전히 내 컴퓨터에 남은 원본 파일처럼 내 마음은 내게 있다. 그럴 땐 고민이 된다. 지울까?

말까?

    마음은 근육과 같아서 꾸준히 관리하지 않으면 사라진다. 매일 보던 얼굴을 보지 않고, 연락하지 않고, 생각하지 않고 죽은 듯이 침대에 누워 잠만 자면 어느 순간 한 사람을 지울 수 있을 것만 같다. 그리고 어떤 사람은 죽을 때까지 간직하고 싶다고 생각한다. 그런데 매일 매 순간 떠올려도 자꾸만 귀퉁이가 접히고 바래고 찢어진다. 정말 온전히 간직하고 싶었는데 이젠 너무 오래된 일이 되었다. 마음을 오랫동안 간직하는 일은 지고지순한 노력 없인 불가능하다는 걸 매일같이 배운다. 내 마음은 내 것인데도 내 뜻대로 되지 않는다.

_이소연
물어보고 마는 일

물어보고 마는 일은 언제나
나를 되돌아보게 한다 내가 어디에 있는지
내가 누구인지 정말로 원하는 것은 무엇인
지 자꾸만 깨닫게 한다

농민회 활동에 열심인 시절, 밤새 현수막을 쓰고 난 어느 날 방장산 계곡에서 잡은 가재라고 한다.

"그날 골짜기 저 위에서 대학생 무리가 깔깔대는데 나도 끼고 잡더라고."

"그래서 가재를 잡은 거야?"

"도시에서 왔응께 그런 거 보면 오매! 오매! 할 거 아닌가."

친구는 한없이 맑고 맑은 웃음들에 마음이 이끌려 걸음을 옮겼다고 했다. 그중엔 물만큼 맑고 예뻐 보이는 여학생도 있었단다.

'대학생'이란 단어가 친구의 입에서 나오는 순간 '대학생'의 본래 의미 안으로 많은 것이 들어찼다. 가지 않은 세계와 그 세계에 대한 동경 그리고 세상에 대한 적의와 박탈감, 불안, 그럼에도 불구하고 다시 꿈꿔 보기도 하는 모든 감정이 차오른다.

고졸인 친구는 시 쓰기에 재미를 느끼면서부터 종종 "제대로 배워 보고 싶다."라고 말했다. 내가 졸업한 문예창작학과에 대해 이것저것 물어보기도 했다. 그뿐이었다. 물어보고 만다.

'물어보고 마는 일'은 언제나 나를 되돌아보게 한다. 내가 어디에 있는지, 내가 누구인지, 정말로 원하는 것은 무엇인지 자꾸만 깨닫게 한다. 며칠 전에는 길을 가다 쇼윈도에서 너무너무 예쁜 원피스를 발견하고는 홀린 듯 가게로 들어가 점원에게 물었다.

"저기 걸린 원피스 얼마예요?" 그러고 만다. 물어봤고 대답을 들었기 때문에 나를 깨닫고 만 것이다.

나는 그렇게 많은 돈이 없고, 어제도 충동적으로 등산 재킷을 샀어. 등산을 좋아하지도 않으면서. 장롱엔 이미 비슷한 원피스가 세 벌이나 있잖아. 그리고 생각해 보면 저 원피스를 그렇게 사고 싶지도 않아. 그보다는 아이패드를 사서 그림 그리고 싶어 하잖아. 그냥 원피스 가격만 물어봤을 뿐인데도 나에 대해 많은 것을 알게 된다. 친구도 자기가 진짜 원하는 게 무엇인지 깨달았을까?

마음을 꺼내 보이듯 대학생 여자에게 가재를 올린 손바닥을 내밀었을 것이다.

"너만 보라고, 그랬더니 무섭다고 하던디?"

무섭다는 말이 가재 보고 하는 소린지 자기 보고 하는 소린지 도통 알 수가 없었다는 친구의 말에 한바탕 웃고 말았지만, 이런 말을 해 주고 싶었다.

이렇게 아름다운 농부가 되려고 넌 대학을 안 간 걸지도 몰라.

_주영태
다맽겨인력

맞장구를 쳐 준다
대박 신기하다라고
동생은 오빠네 동네는 공룡도 살아?
하고 말했더니
내가 공룡 잡아서 비쳐 주께
가만있어 봐라이

친환경 농사를 포기하며 밭농사를 임대하고 마음 맞는 형과 장난삼아 '다맽겨인력'을 만들어 벌초 대행 사업을 해 보기로 했다. 같이 홀아비 신세로 지내는 사람만 들어올 수 있다는 규칙을 정해 놓고 선전을 했다.

일을 시작하며 서울 사는 시인 동생이 그림도 잘 그리고 포토샵도 잘해서 로고를 만들어 달라 했더니 흔쾌히 만들어 줬다. 기분 좋은 출발이었지만 금방 관두었다.

노동의 대가에 대해서는 생각지도 않고 일만 해대느라 몸은 고생스럽고 서로 미안해지기만 했다. 해서 길게 가지는 못했다. 해단식을 하고 각자 흩어졌다. 경험치가 쌓여서 그런지, 혼자 하는 일이라서 그런지 전보다 수월했다. 미안한 마음이 없어지니 한결 자유롭다는 생각까지 들었다.

벌초할 때는 온 신경이 곤두선다.

돌이 튀면 어디로 튈지 모르니 정강이부터 얼굴까지 멍투성이가 된다. 그뿐인가, 전문적인 일을 그리 싸게 맡아서 하다 보니 그 업종에서 먹고사는 사람들에게 빈축을 사는 일도 허다했다.

그러거나 말거나 맡은 일 깔끔하니 해 주면 팁도 받고 고생했다며 밥도 사 주고, 일 없다고 노는 것보다야 백번 잘한 일이다.

동생이 "오빠 돈 많이 버는 거야? 그럼 로고값도 내야지." 했는데 망해 먹었다고 하니 동생은 "맨날 망하는 일 뭐 하러 그리 고생스럽게 하냐?"며 안타까워했다.

"아녀야. 이로고 일만 헐 수 있어도 어디냐? 일 못 얻어서 맨날 술추렴하고 사는 것보다는 나서야. 글고 농사짓는다고 사람 눈총 받아 가며 하는 일이 아닌게 좋기만 허다. 찌까 지둘려 봐. 글믄 돈 벌어서 맛있는 거 해 놓고 초대허께. 그때 놀러 와라. 우리 동네 볼 디 많어야." 그렇게 쉬며 동생과 통화하는데 뭔가가 '꿈틀'한다.

"가만있어 봐라이. 내가 공룡 잡아서 비쳐 주께."

"오빠네 동네는 공룡도 살아? 대박 신기하다!"라고 맞장구를 쳐 준다.

나는 더 악동 같은 재미가 나서 아무르장지뱀을 잡아 요리조리 살피다 예초기 칼날에 맞을까 무덤 옆 후박나무에 놓아주었다. 좀 전까지 힘들고 고되던 일은 온데간데없다.

"봤지? 공룡!"

"와, 진짜 공룡이었어!"

받아 주지 않으면 아무것도 아니다. 장난도 그렇다. 장난쳤다가 상대에게 상처 준 적이 많았다. 근데 상처받은 소녀들의 영혼을 노래했다는 동생은 언제나 한술 더 뜬다. 근데 가끔 진짜 모르는 것 같기도 하지만 설마….

'땀 식혔으니 마저 일을 마쳐야지.' 일 끝나고 마시는 맥주 한잔 생각에 기쁘게 예초기를 다시 집어 든다.

_주영태
미련한 버꾸

경운기를 세우고 길가로 기운
밤 가지를 쳐 서리하다
밤나무 주인에게 걸렸는데
콩닥콩닥하는 마음과 달리 아저씨는
가지째 꺾지 말라며
주의를 주고 보내 주신다

진달래 흐드러진 산 너머에 밤골 밤밭이 있었다. 그 밤밭으로 특공대가 서리를 나섰다. 쩨쩨하다 해서 째쩨, 끌방망이* 머리여서 끌치, 늘 미련한 짓을 한다 해서 버꾸, 수박밭에 덜 익은 수박이 많다 해서 쌩태, 니째와 떼꼼.

밤밭에는 셰퍼드종 큰 개가 있는데 순한 것인지 미련한 것인지 버꾸가 애요요요, 하고 어르면 꼬랑지를 치는 개라서 얕봤는데 밤에는 앙칼지게도 짖어 댔다.

여럿이 갔지만 개 짖는 소리에 당황하는 바람에 모든 게 어그러졌다. 개 짖는 소리에 놀라고 가시 둘러싸인 밤송이에 놀라 나 살려라 하고 도망치느라 정신이 쏙 빠졌다. 밤밭을 벗어나서야 함께 도망쳐 온 친구들을 확인하는데 버꾸가 없었다. 한참을 기다려도 오지 않았다.

걱정이 되어 되짚어 가 보는데 흙으로 멱을 감았는지 신발을 양쪽 손에 들고 어그적어그적 걸어오는 게 아닌가. 논두렁 물골에 빠졌단다. 역시 버꾸다.

"내가 거가 꼬랑이 있는지 알았냐?" 하고 말하는 버꾸는 한없이 순박한 어린아이였다.

지금 밤밭은 서리하러 올 사람도 없고 주인도 그닥 신경 쓰지 않는다. 수입 밤이 시중에 싸게 풀리다 보니 밤값이 하락해 생산비에도 못 미친다. 그 옛날 명성은 온데간데없다. 어릴 때 추억을 곱씹다 보면 농사짓는 내가 억울하다.

일한 만큼의 대가를 받고 싶을 뿐인데 물가 오르고 인건비 오르고 다 올라도 농수산물 가격은 20년 전 가격을 유지하는 게 말이 되냐 말이다. 이런 한탄 속에서 세상에 대해 울분을 길어 올린 글을 시인 동생에게 보내면, 동생은 "오빠는 투쟁 문구가 안 들어가면 글을 못 써?" 하고 어디서부터 손을 대야 할지 몰라 골치 아파 한다.

"글믄 허고 자픈 말도 못 험서 문 글이다고 쓴데?" 버팅겨 보다가도 배우려고는 안 하고 내 고집만 앞세운 것 같아서 한마디 더 한다.

"고쳐 볼라고 햐도 그것이 긍게 잘 안 되드랑게."

"난 대학 4년간 배우고 대학원에서도 배우고 아직도 졸업을 못 했어."

5분 만에 썼다며 자랑하지 말라고 구박할 만하다.

잘 배우고 싶은 마음은 굴뚝같은데 끌치 성과 째째 성, 버꾸랑 놀고만 싶다.

*짱구

_이소연
청개구리와 무당개구리

화상을 입는다면서
청개구리를 만지는 사람은
말을 안 듣는 걸까
용감한 걸까?

농부 친구는 청개구리를 만지면 청개구리가 화상을 입는다고 했다. 정말이지 청개구리 같은 사람이다. 화상을 입는다면서 청개구리를 만지는 사람은 말을 안 듣는 걸까, 용감한 걸까?

백과사전을 찾아보니 청개구리도 독이 있다고 한다. 청개구리 만진 손으로 눈을 비비면 실명하기도 하니까 청개구리를 만지면 손을 씻어야 한단다. 그러니 농부 친구가 보내 준 청개구리 사진엔 약간의 천진함에서 기인한 용기가 묻어 있다고 할 수 있겠다.

나도 어렸을 땐 엄마 말을 징그럽게 안 들었다. 엄마가 하지 말라는 일은 가장 열심히 했다. 하지 말라는 걸 하면 어떻게 되는지 궁금했다. 가만히 두면 하지 않을 일을 궁금하게 만드는 건 언제나 엄마였다. 한여름 수돗가에서 등이 타들어 가도록 물장난을 쳤고, 더러운 연못 물을 손으로 떠 마셨다. 소꿉놀이를 하며 장난감 냄비에 요리한 진흙 수프를 먹었고 들판을 돌아다니다 뱀딸기를 따 먹었다. 정말 시시했다. 엄마가 하지 말라는 걸 했는데 아무 일도 일어나지 않았다.

나는 뭔가 엄청난 일이 일어나길 기대했다. 죽기는 싫었지만 그 비슷한 일이 일어나 엄마가 깜짝 놀라길 바란 것 같다.

초등학교 1학년 땐 하굣길에 모르는 사람을 따라갔다. 나는 사탕 하나 주면 따라가는 그런 쉬운 애였다. 엄마가 모르는 사람 따라가지 말라고 했는데 모르는 사람 따라가면 어떻게 되는지 궁금해서 따라갈 수밖에 없었다. 혹시 근사한 서커스장 같은 곳에 갈지도 모르니까. 그날 저녁 방죽에서 정말 죽도록 맞았다. 온 동네 사람들이 나를 찾으러 다녔다고 했다. 엄마는 얼굴이 벌겋게 달아올랐고 나를 다 때리고 나서는 눈물 흘리며 우셨다. 그날은 엄마한테 맞으면서도 하나도 아프지 않았다. 엄마가 나를 사랑한다는 걸 깨달을 뿐이었다. 그렇게 맞았는데 사랑이라니. 나는 그날 모르는 사람을 따라가서 떡볶이를 맛있게 먹었고 칠성사이다도 마셨다. 정말 내겐 아무 일도 일어나지 않았다. 엄마를 울리고 싶지 않았는데 깜짝 놀랐다. 엄마가 우는 걸 그때 처음 봤다. 어른들이 우는 건 텔레비전에서나 일어나는 일인 줄 알았다.

길을 가다 보면 죽은 개구리는 항상 무당개구리였다.

흔하면 짓밟힌다.

요즘 내 눈물은 너무 흔해서 아무것도 일깨우지 못한다. 엄마가 왜 그때야 내게 처음으로 자신의 눈물을 보여 주었는지 알 것 같다.

내 사랑도 눈물만큼이나 흔해서 어느 트럭 바퀴에 깔려 납작해졌을 것만 같다. 덜컥 겁이 난다.

언젠가 온몸에 달라붙은 수백 마리의 무당개구리를 떼어 내느라 지쳐 가는 꿈을 꾼 적이 있다.

벌 쏘일 폭 잡고

_주영태

밤중에 끙끙 앓으시는 아버지
아이고 죽것네 소리가
벌의 날갯짓 소리보다 크게 귓전에 울린다

아버지의 취미 생활인 벌치기가 사업이 되었다.

여든이 넘은 아버지는 몸을 아끼지 않으셔서 매일 말을 듣지 않는 몸짓을 두고 "인자 베래 부렀다. 그 힘 다 어디 가 불고, 에휴." 하신다. 무심한 세월에 아쉬움만 남으시나 보다.

생김은 외탁을 하고 기질은 친탁을 한 나는 아버지처럼 거침없이 일하는데, 벌 한 방만 쏘이면 기절을 하는 통에 "저것은 빼싹 야왔어도 힘은 씬디, 저 찌깐한 벌 하나를 못 이겨 무거이?" 하시는 아버지의 불만족스러운 말투가 못내 서운하다.

언제부터인지 벌에 쏘이면 숨이 가쁘고 구멍이란 구멍에서 물이 나온다. 독이 퍼지면 현기증이 일어 고꾸라지고 응급실행이다.

그런데도 아버지 일을 돕는다고 나서서 한 방 두 방씩 쏘이다 보니 꾀가 나서 벌 쏘일 폭 잡고 알레르기 약을 미리 먹는다.

그렇게 아버지와 한몸이 되어 벌 농사를 배운다.

"이것은 왕이 없어 농게 일벌들이 실어 놓은 왕집이여. 요새는 여왕벌을 만드는 기술이 있으니, 이런 것은 다 띠어 내 부러야 분봉이 안 나가고 강군이 되는 거시여. 벌도 너같이 집이 안 들어오는 놈들도 있고, 천차만별이여. 집단 생활을 헌게 딱딱 맞게 일허는가 싶다가도 게으른 놈들도 있고 쌈 잘하는 문지기가 있고, 일만 허는 벌이 있고, 청소허는 벌이 있고. 이 찌깐헌 것이 꿀 물어다 모태 논 것 봐라여. 대단한 것이여."

"긍게, 그리 대단헌 것을 우리는 다 뺏어 묵어 불고 설탕물 줘 분게 벌이 죽고 약해지제요. 꽃까리도 뺏어 묵어 불고, 로얄제리도 뺏어 묵어 불고, 하다못해 독까지 빼서 가 불믄 매정시라서 쓰것는가요?"

"긍게, 나는 아카시하고 밤꿀만 안 따냐?"

할 말을 잃었다.

나는 잠자코 일만 하면 될 것을 하기 싫다고 그리 톡톡 투정을 부리는 것이다.

내가 농사지어 돈을 잘 벌었다면 아버지가 이 고생을 안 하셔도 될 것인데, 밤중에 끙끙 앓으시는 아버지 "아이고, 죽것네." 소리가 벌의 날갯짓 소리보다 크게 귓전에 울린다.

_이소연
긴 꼬리 짐상

그는 농부고 나는 시인이지만 아무리
세상에 저항해도
결국 시인도 농부도 돈을 벌어야 한다
그러나 나는 돈 애기를 하다가도
다시 뱀 애기를 하는 친구가 좋다

까치독사는 칠점사라고도 부르는데, 머리에 점이 일곱 개라서 칠점사가 아니다. 물리면 일곱 발자국을 떼지 못한다고 해서 칠점사란다. 벌초 중에 만났다곤 하지만 저런 뱀을 손에 얹다니! 친구는 알면 알수록 대책이 없다.

친구는 늦여름부터 가을 내내 벌초를 하러 다녔다. 한동안 매일같이 수다를 떨어 대던 친구의 연락이 뜸해지자 몹시 서운했는데, 돈 벌러 다니느라 바쁘다고 했다. 돈 벌러 다닌다는 말은 들을 때마다 찡한 데가 있다. 자본주의를 싫어하고 부당함을 싫어하고 차별을 싫어하는 친구도 돈을 벌어야 한다. 생활인이다. 그는 농부고 나는 시인이지만 아무리 세상에 저항해도 결국 시인도 농부도 돈을 벌어야 한다. 그러나 나는 돈 얘기를 하다가도 다시 뱀 얘기를 하는 친구가 좋다.

친구는 자기 집 농사 말고도 트랙터 일도 하고 벌초 일도 하는데, 벌초 일을 하고 나면 상처투성이가 되는 것 같다. 가끔 멍든 곳을 찍어 보내기에 왜 그러냐고 물어보면 돌에 맞았다고 했다. 친구가 날아오는 돌에 맞는 모습을 떠올려 보았다. 그 모습을 떠올리는 것만으로도 억울해졌다. 너무 억울하다. 돌 맞을 사람들은 따로 있는데….

친구가 까치살모사 사진을 보내 주며 말했다. "사람 마음으로 생각하면 어미 배를 뚫고 나온 싸가지 없는 긴 꼬리 짐상* 새끼라 죽여 부까 싶다가도 저도 그로고 시펐것냐?" 그는 하찮은 자신이 어찌 그 뜻을 알까 싶어 한쪽 풀섶에 칠점사를 놓아줬다고 했다. 은혜 입은 까치는 있어도 은혜 갚는 까치독사는… 있을까? 친구는 "물기만 해 봐라!" 엄포를 놓다가도 "글믄 아프것지." 하고 우스갯

소리를 했다. 무덤 많고 돌 많은 곳에서 무덤을 지키는 신이었을까? 저 칠점사가 나타나는 밤엔 별무리가 초롱초롱하겠다.

*짐승

_주영태
자수성가 농법

어머이 아니 버럭지도 못 퍼묵는 것을
어찌고 사람 새끼들이 퍼묵는다요?
인자 아들이 농사짓는 거이 곧 알아주는
때가 온게 찌까만 지달래씨요

"약을 쳐 부러야. 어디 하나 성한 것이나 있능가 봐 바라. 느그 화보이 성네는 꼬치를 얼매나 잘해 놨능가 뻔덕뻔덕해 가꼬 얼매나 소담시릅게 존가 한번 가 바야."

"어머이, 아니 버럭지도 못 퍼묵는 것을 어찌고 사람 새끼들이 퍼묵는다요? 인자 아들이 농사짓는 거이 곧 알아주는 때가 온게 찌까만 지달래씨요. 아니, 글고 밭에 좀 나오지 마시랑게. 농약 찌끄러서 짓는 농사가 농사간디, 어메가 자꼬 글믄 될 것도 안 되아라우."

이렇게 소가지를 내놓고도 뒤돌아서면 후회가 된다. 하루 종일 맘이 쓰여 화봉이 형님네 밭을 둘러보고 만다. 내 밭과 달리 정돈되어 깨끗한 것이 누가 봐도 열일하는 농부의 밭이다.

"성님, 문약 삐랬소? 내 것은 유황이 들어간 친환경 약재라고 해서 보르드액을 삐래고 했는디도 아째 버럭지가 더 잘 커 분 것 같어라우."

"농사를 그로고 지믄 된디야? 니가 살아야 넘들도 너 바 주제. 니가 없이 살아 봐라 누구 하나 니 옆에 있는가. 내가 약 친 놈 써 주믄 재경이네 가서 요로고 주락해서 언능 삐래 부러."

'삼 년만 고생허믄 될 것인디. 글믄 땅도 자력이 생기고 평방미터당 미생물이 병해충 다 없애 분다 했는디.' 혼자 되뇌며 친환경 약재상이 만병통치약처럼 주고 간 유황병만 만지작거리게 된다. 그러다 사달이 났다. 수입쌀 반대 운동이 있다 하여 서울 여의도에 다녀왔는데 그새를 못 참으시고 어머니가 아버지를 대동하여 독한 약을 쳐 놨다. 아들의 성품을 간파한 아버지는 오히려 아들 농사를 망쳐 놓으시고도 어디를 그리 싸돌아 댕기느냐고 버럭버럭 화를 내더니 "농사를 못 짓것으믄 넘이나 지으라 내놓제." 핀잔까지 하신다.

올해 친환경 농사가 또 망했구나. 지난 농한기부터 땅이 살아야지 농민이 산다, 되새기며 공들여 놓은 것들인데 모두 허사가 되고 말았다. 고생한 보람도 없이 자괴감마저 들었다. 마음이 상할 대로 상해 밭을 모두 임대하고 이젠 논농사만 남았다. 근근이 트랙터 일을 해서 생활을 유지한다. 다행히 논에서 자란 벼는 저 알아서 잘도 자란다.

"영태 논이 어디대요?" 하고 물어보면 "저그 풀 많이 난 디가 영태네 논이다우." 이리 말하는 사람들도 수확철에는 "무슨 종잔디 쭉쟁이 없이 이리 잘 컷디야. 내년 씻나락 허게 종자 좀 준나." 하고 말한다. 일명 자수성가 농사다. 벼가 잘 자랄 수 있게 식재거리를 띄워 주면 통풍이 잘되어 벼가 잘 자란다. "나는 약을 니 번이나 쳤는디, 니가 기술자다. 근디 풀약을 뻬래 불제." 이리 말씀들을 하신다. 금방 기술자라고 해 놓고 뒷말은 참 알다가도 모르겠다. "약 뻬래 불믄 계속 뻬래야 하고, 글믄 약값 제하고 뭇 제하고 남는 것이 뭇이다우?"

내 쌀을 받고 좋아하는 사람들이 있고, '고생했다' 한마디에 그 고된 시간들이 한순간 뿌듯함으로 뒤바뀐다. 내년에도 내 자수성가 농법을 시행할 것이다.

_주영태
안 맞네, 안 맞어

이런 말 하면 그렇지만 일 징헌
작두콩 사 묵는 게 답이다

미세먼지가 기승을 부릴 때쯤 기관지에 좋다는 작두콩을 심으면 꾸준히 효자 노릇을 할 것이라고 장흥 매양이 느 마지기만 해 보라 했다.

"헐라믄 한 이천 평 해 부러야제요."

해 보지도 않고 호기만 내놓는 동생에게 철이 없다고 핀잔을 주신다.

전북도연맹 총무부장으로 있던 덕순이 누나가 장흥 사는 총연맹 사무총장과 혼인하는 바람에 총장이 매양이 되었다. 매번 농사를 망해 먹는 동생에게 "느그 매양 따라서 작두콩이나 쪼까 지어서 자신감 좀 가져 보라." 권한 것인데, 8000평 땅에 무엇을 심어야 될지 고민하던 찰나 잘되었다 싶어, 그길로 6000평은 정선에서 공수한 아라리팥을 심고 2000평엔 작두콩을 심었다.

매일 비둘기를 쫓아내고 까치를 쫓아내고 떡잎이 나오면 고라니와의 싸움이었다. 그리고 이제 팥밭이다 작두콩밭이다 느낄 즈음 해서 풀과의 전쟁이 시작되고 장마를 만나고 태풍을 만났다. 팥밭은 전멸했다. 아, 몰라, 했는데 첫서리가 내리고 풀이 삭자 작두콩이 보이기 시작한다.

장흥 매양은 애써 농사지어 놓고 수확도 안 하고 갈아엎는다고 호되게 나무랐다. 작두콩이라도 따서 가지고 오라고 한 덕에 가져가긴 했으나 내가 농사지으니 작두콩값도 똥값이다.

'나랑 농사는 안 맞네, 안 맞어.'

두 손 두 발 다 들고 8000평 밭을 모두 임대해 버렸더니 무금이 오르고 배추금이 올랐다. 생각하는 것만으로도 속이 쓰리다. 그래도 그때의 작두콩차를 1년째 끓여 마시고 있는데 기관지에 좋은 것임엔 틀림이 없다. 기침이 줄어든 게 느껴진다.
    이런 말 하면 그렇지만, 일 징헌 작두콩, 사 묵는 게 답이다.

_주영태

약을 쳐 부러야

엄마 요놈 짚고 댕기믄 허리 나서 분다 안 허요

내 밭은 심은 작물보다 풀이 더 났다. 각종 제초제가 많이 나와 있지만 풀약을 안 하기 때문이다. 그 많은 풀도 다 쓰임새가 있어서 두고 보면 좋으련만, 돈이 되지도 않고 풀 많다고 갖은 욕은 다 들어먹어서 인부를 불러다 뽑아 보지만 풀 자라는 속도를 주머니 사정이 따라가지 못하니 언제나 골칫거리다.

어머니는 허리가 기역 자로 꼬부라지셨다. 일곱 남매를 키우고 할머니 시집살이에 농사 많은 집 안주인이라 설거지하다 나를 낳고 다음 날 밭일을 나가셨다니 아무리 강철 허리라도 버텨 낼 재간이 있었을까 싶다.

"엄마, 요놈 짚고 댕기믄 허리 나서 분다 안 허요."

애써 삶고 말려 아버지 벌통 칠하고 남은 페인트로 색까지 입혀 드렸더니 "그런 짓거리 말고 약을 쳐 부러야." 정색을 하신다.

명아주는 초기에 뽑아내지 못하면 내 키를 훌쩍 넘어 자라 우거진다. 그러면 주변 작물은 그늘이 져서 살 수가 없다. 지나는 사람들이 내 밭을 보면 "농사 안 지을라믄 나나 내 주재." 하고 한마디씩 건네는데 "청려장을 아요?" 하며 듣는 시늉도 안 한다. 가볍고 들기 좋은 지팡이 하나 만들고 나니 풀약 뿌리라는 소리 한 움큼씩 집어삼켜도 탈이 없다.

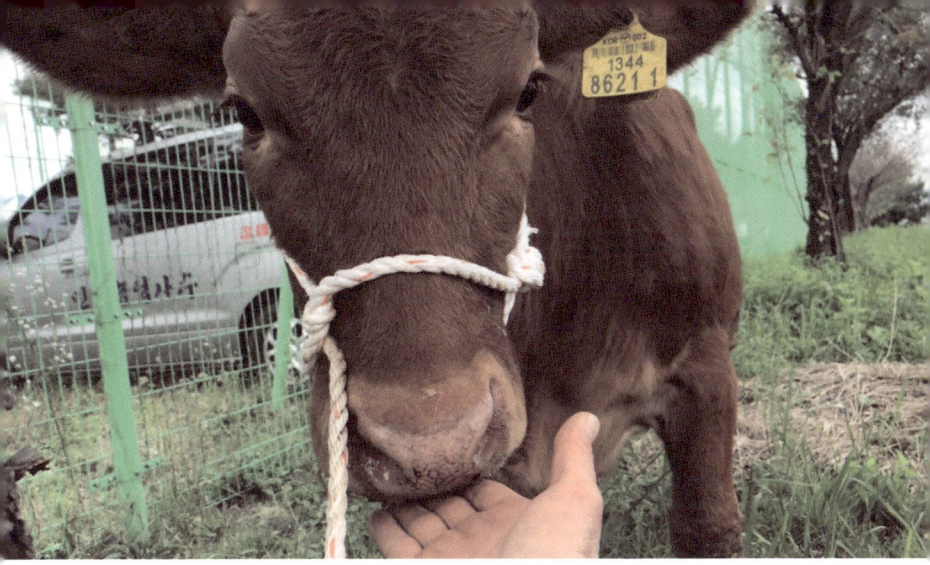

나도 촌놈 너도 촌놈

_주영태

그때 관심 가지며 손을 핥는 소가
어찌나 짠하던지
늘 팔려 나가는 소가
어릴 때 일을 같이 하던 소가
아닌 것만은 확실한데
먹고사는 민생고가 서럽다

전북의 농민들이 체육대회를 하는 날, 종합우승 상품이라며 소앙치 한 마리가 나무 그늘에 묶여 있었다. 아침부터 술에 취해 흥이 난 나를 한껏 잡아당기던 소앙치의 큰 눈이 아직도 눈에 선하다. 안쓰러운 마음에 화장실도 못 가고 소가 좋아하는 풀을 맨손으로 뜯었다. 그 맛있는 풀 냄새를 맡느라 소가 킁킁거린다. 아차 싶었다. 사료와 건초만 먹는 소가 생풀을 먹으면 설사를 한댔지…. 이번엔 사람한티도 약이 되는 씀바귀를 뜯어 내밀었다. 역시 킁킁대기만 할 뿐이지 먹지는 않았다. "오매, 이 새끼도 촌놈이네. 그려, 나도 촌놈 너도 촌놈. 근디 아째 요라고 짠하다냐."

어린 소의 눈에서 당숙 없이 오 남매를 키우느라 고생한 당숙모가 보였다. 당숙 대신 당숙모의 소를 싣고 소시장에 내러 간 생각이 났다. 경매사들이 종을 가지고 알아 묵을 수도 없이 연신 씨부렁대던 말을 경매인들은 잘도 알아차리고선 똥값을 먹였다. 소장시를 오래 한 친구에게 물어봤다. "소끔이 져서 저런갑다." 하는 소릴 듣고 부애가 나서 "당숙모, 도로 실읍시다. 씨버럴놈들이 지그들이 키었어도 저러고 값을 매기것소? 글안해도 소 팔아 불믄 당숙모 허퉁해서 어찌고 사실라요. 내가 키울랑게 저 돈 받고는 못 내것소." 이렇게 소가지를 부릴 대로 부리고 경매인에게 낙찰된 소를 도로 차에 실으려는 찰나 내 친구 몇이 와서 회유한 것이 어린 소앙치 눈에 그려졌다. 마시던 술을 소앙치 옆으로 가져와 마시다 그 옆에 고꾸라져 잔 기억이 여적 남아 있다.

그때 관심 가지며 손을 핥는 소가 어찌나 짠하던지, 늘 팔려 나가는 소가 어릴 때 일을 같이 하던 소가 아닌 것만은 확실한데, 먹고사는 민생고가 서럽다. 먹이사슬 가장 위에 있는 우리의 밥상에 오르기 위한 사육이라니, 그 은혜를 다 갚을라믄 다시 소로 태어나 또 다른 이름의 소로 죽어야 할까? 수없이 동물과 맞바꿔 태어나는 나를 상상해 본다.

_이소연
나 자신에 대한 징그러움

지렁이에 대면
우리는 그동안 땅을 버리고 살았시야

나는 아무 생각 없이 징그럽다고 했다. 그러자 "뭣이 징그럽다냐?" 한다. 이런 적이 없는데 친구는 좀 화가 난 것 같았다.

징그러운 것을 징그럽다고 했는데 화를 낼 일인가 싶어 되레 화가 났다. 지렁이가 왜 징그러운지 설명하라면 날밤을 꼬박 새우도록 할 수도 있는데 그냥 말았다. 친구는 지렁이에 대해 제대로 알고 나면 징그럽단 말은 못 할 것이라 했다.

"지렁이에 대면 우리는 그동안 땅을 버리고 살았시야."

지렁이가 땅을 얼마나 이롭게 하는지 알아도 나는 여전히 지렁이가 징그러운데, 지렁이를 보면 마치 자신의 가장 여린 부분을 드러내 놓고 쏘다니는 사람 같았다. 너무 솔직하고 너무 부끄럼이 없고 너무 예민한 부분을 보는 것 같아서 그랬다. 지렁이를 가만히 보고 있으면 몸속의 핏줄을 꺼내 든 것처럼 아파서 그랬다. 그렇다 하더라도 나는 너무 쉽게 혐오 표현을 가져다 썼다.

이날은 내내 나 자신에 대한 징그러움에 치를 떨었다.

_주영태
이것이 시 맞당가?

우와! 오빠 농사 잘된 거야?
축하해! 하며 마냥 기뻐하는 모습에
앞뒤 따지지도 않고
있는 힘껏 우쭐대 보지만
실은 농사가 망했다

서울 사는 시인 동생은 저랑 닿지도 않을 것 같은 농부 이야기를 귀담아듣고 시를 썼다고 했다.

〈장작 패는 사람〉이라는 시를 읽어 주었다.

신이 나서 뭐라도 된 것처럼 기뻤다. 그래서 날마다 뭐라도 보내고 싶어졌다.

'이것이 시상이 떠오를랑가?' 하고 반신반의하며 보낸 나락 모가지 사진에 "우와! 오빠, 농사 잘된 거야? 축하해!" 하며 마냥 기뻐하는 모습에 앞뒤 따지지도 않고 있는 힘껏 우쭐대 보지만 실은 농사가 망했다. 그런 날 저녁참엔 고백하듯 폭우에 망한 농사 이야기를 써서 보냈다. 그러면 동생은 농부 시인 나왔다고 칭찬이 마르지 않는다.

소설 쓰는 누나에게 보내면 "짧다고 시가 아니다." 딱 잘라 말했는데…. 아무래도 시인 동생이 농사 망한 오래비 맘을 쓰다듬으려 한 말이었나 보다. 그 의중도 모르고 좋다고 으스대며 까분 것이 창피시라서 못 살겠다.

세계 최고 시인이라고 우김질하는 동생의 밝고 명랑한 모습에 기분이 좋다가도 마감 때문에 속앓이하는 걸 보면 단박에 걱정이 된다. 자연만큼 좋은 처방약이 없지 싶어 "동상, 나 또 시 썼네." 하고 보내면 배꼽 빠지게 웃긴 곰돌이 이모티콘과 함께 수정한 시를 보내오는데 '왐마, 세계 최고 시인 맞네, 맞어.' 하게 된다.

서로 닿지 않을 것 같던 세상이 이리 맞닿으니 내 단조로운 일상에도 즐거움이 생겨났다.

"오빠, 이 사진은 뭐야?"

"뭐긴 뭐야, 나락 모가지가 손목에 닿으믄 늑 섬, 못 미치믄 슥

섬, 넘어가 불믄 닷 섬이제."

"그게 뭔 말이야?"

"아니, 어째 시인이 그것도 모린데? 손모가지 넘어가 부렀응게 닷 섬 묵었다는 것이제."

"올해 농사 망했다고 했잖아. 근데 닷 섬이야?"

"긍게, 근디 올해는 저로고 넘어가 부러도 다 헛빵이여. 왜냐믄 저 알곡이 쭉정이 빈 껍딱이어서 맵제가 많거든."

"응? 맵제가 뭔데?"

"아니, 그런 것 있이야. 시 쓸라믄 그런 것까지 알아야 헌데? 뭔 너메 호기심이 끝이 없디야?"

"몰라서 물어보는 건데 왜 무시해?"

"아니, 무시허는 것이 아니고… 맵제는 빈 껍데기라고 허는 것이제."

그렇게 한참 실랑이하듯 시인 동생의 궁금증을 해결해 주다 보면 이러다 해 져 불것다는 생각이 절로 든다. 다음 날도 마찬가지다. 무의식적으로 손바닥에 뭔가를 올려놓고는 "동상, 또 시 썼네. 이것이 시 맞당가?" 하고 물어보게 된다. 그렇게 오래오래 도시 시인과 시골 농부의 이야기를 쓴다면 좋겠다.

_주영태
집 찾아간다는 말

고창 청보리 축제가 끝나면
눈물 자국 선연한 강아지들이
자신을 버린 주인의 차와 비슷한 차만
보면 전력질주로 쫓아가다
털레털레 버려진 자리로 되돌아갔다

삼순이 새끼들의 발바닥은 막 태어났을 땐 분홍빛이더니 일주일쯤 되니 새까매졌다.

아직 실눈을 뜨고 뿍뿍 기어 다니는 새끼들 끙끙대는 소리가 앓는 것 같기도 하고 안아 달라 보채는 것 같기도 하고, 혁이 갓난애 때처럼 군다.

코를 고는가 하고 보면 윤기 흐르는 코끝에서 콧물이 방울방울 터지고 있다. 아구구구, 귀여워라. 세상 근심이 사라진다. 삼순이는 새끼 여섯 마리를 낳았다. 쭈글쭈글한 삼순이를 어쩜 저리 똑 닮았을까? 혁이를 안고 집으로 들어올 때면 엄마가 영락없이 지 애비다 할 때의 마음이다.

삼순이 곁을 떠난 새끼들은 각각 이름이 다르다. 그중 가장 기억에 남은 이름이 다쭈다. 다쭈그리를 줄여 그리 불렀다. 수컷인 다쭈는 마을 고샅을 돌아다니며 어문 집 개를 임신시켜 놓았다. 그 행태가 너무 심해 묶어 놓으라고 항의도 많이 받았다고 한다. 진돗개가 다쭈를 닮아 태어나는 바람에 이 집 치 씨라며 강아지를 놓고 가는 일도 잦았는데, 하소연하던 성님 표정이 환하게 바뀌며 한마디한다. "막 성질 냄서 데려다 놓고 갔는데 강아지들이 다시 쫄래쫄래 집 찾어가 부렀어."

둘이서 환하게 웃는데 집 찾아간다는 말이 턱하고 걸렸다.

고창 청보리 축제가 끝나면 눈물 자국 선연한 강아지들이 자신을 버린 주인의 차와 비슷한 차만 보면 전력질주로 쫓아가다 털레털레 버려진 자리로 되돌아갔다. 그게 안쓰러워 이웃 영래 누나는 유기견 열일곱 마리를 데려다 키웠다. 버려진 개들을 애정으로 품어 줘도 개들이 받은 상처는 쉽게 지워지지 않는다. 틱행동을 하기도 하고 사람을 물기도 했다. 오랫동안 인간을 향한 경계의 끈을 놓지 못했다. 영래 누나는 월급의 반을 반려견 병원비며 밥값에 들였다. 끈 풀려 집 나간 애들도 결국 누나 집 마루 밑에서 생을 마감했다. 그 작게 구부러진 개의 등뼈를 보면 사람이 미워진다.

_주영태
둠벙의 추억

용돈이 궁한 작은형님은 그물을 메고
난 양동이나 주전자를 들고 그 뒤를 따랐다

가뭄 든 논에 둠벙이 그립다. 지하수가 마르고 계속되는 폭염에 작물은 시들다 못해 타들어 갔다. 농사꾼들은 내 자식 입으로 밥 들어가는 것과 내 논 물고에 물 들어가는 것을 가장 우선으로 친다. 요샛날 둠벙이 재조명되며 어릴 적 둠벙의 추억이 되살아난다. 둠벙에는 미꾸라지가 산다. 용돈이 궁한 작은형님은 그물을 메고 난 양동이나 주전자를 들고 그 뒤를 따랐다. 꼬불꼬불한 논과 지대가 높은 계단식 논 귀퉁이에 자리 잡은 둠벙이었다. 그간 다녔던 둠벙 개수만 해도 상당하다. 서소굴, 솔매, 텃골, 건넌들, 밤각골, 뒷보, 굴매, 산정매, 성남방죽, 뒷방죽, 앞방죽….

처음 몇 번은 호기심에 팔 빠지는 줄도 모르고 형님의 사탕발림에 나섰다. 허탕 치는 둠벙에서는 실망을 금치 못하다가도 누렇고 통통한 미꾸라지가 많은 둠벙에서는 환호성을 질렀다. 하지만 그것도 잠시였다. 바께스에 담긴 미꾸라지 무게는 어린 내가 감당하기에 너무 버거웠던 것이다.

그렇게 잡아서 집에 돌아오면 또 하나의 난관이 기다리고 있었다. 미꾸라지를 주전자에 나눠 양손에 든 채 자전거 뒤에 타고 15리쯤에 있는 감나무등 점방까지 가는 길이 몹시 곤혹이었다.

"성, 팔뚝 빠지것어." 이런 말도 못 하고 "으으으!" 하면서 몸부림치면 자전거가 휘청거렸다.

눈물이 나고 콧물이 나와도 닦거나 훔칠 수가 없다. 한계에 부딪힐 즈음 해서 언덕이 나왔다. 거기서 잠시 팔을 털고 눈물을 닦고 콧물을 훔치고 양손에 미꾸라지가 담긴 주전자를 들고 언덕길을 걸어 올라간다. 그러면 다시 팔뚝이 저려 오기 시작하고 다리도 아프다. 그래도 잠깐 내려놓고 쉴 수 있으니 자전거 뒤에 타고 으으으, 입으로만 그 고통을 참아 내는 것보다는 훨씬 나았다.

그렇게 개고생을 해서 감나무등 점방에 도착하면 미꾸라지가 뱉은 거품을 바구니에 담아 헹궈 붇고 저울에 달아 계산한다. 지폐 세는 모습을 보고 고생한 보람이 생겨나 웃음이 막 나온다. 그런데 형님은 하드 하나 사 주고 만다. 실망도 잠시, 하드가 얼마나 꿀맛인지 지금도 그 맛난 하드는 기억 속에만 남아 있다.

형제자매들과 박장대소하고 손뼉을 치며 옛날 일을 회고한다.

마른 논을 바라보며 둠벙의 추억에 빠져드는 시간이 깊다. 타는 나락만큼 한숨이 절로 나온다. 단비가 내렸으면 좋겠다.

3부 아, 새참 먹고 싶다

_주영태
모두의 시작은 4월, 나의 시작은 5월

밥 한 공기 300원도 안 되는 농사를 짓자고 내가 흘린 땀을 생각하면 억울한 마음이 한가득이다
한 번 씹고 뱉는 껌값도
20~30년 전에 비하면
엄청나게 올랐는데…

농사의 시작은 종자다. 베어지는 나락을 눈여겨보며 도정된 쌀을 먹어 보고 종자로 써야겠다, 결정하는 순간이 농사의 시작인 셈이다. 4월은 본격적인 논농사의 계절이다. 그런데 갈아 놓은 논을 삶고 품앗이를 하다 보면 시간이 훌쩍 가 버린다. 나는 만생종을 선호해서 5월 중순이 되어야 침종을 한다. 5월이 깊어질 대로 깊어져야 비로소 게으른 농부의 농사가 시작되는 것이다. 모두의 시작은 4월이지만 나는 아니다.

늘 게으른 놈도 다 자기 살 궁리를 하며 산다. 나만의 기술이 있으니 침종 후 싹 틔우는 것도 내 식대로 하는 걸 최고로 친다. 쌀농사는 늘 힘이 든다. 밥 한 공기 300원도 안 되는 농사를 짓자고 내가 흘린 땀을 생각하면 억울한 마음이 한가득이다. 한 번 씹고 뱉는 껌도 20~30년 전에 비하면 엄청나게 올랐는데, 쌀값은 그대로다. 요새 들어 이상기온과 흉작으로 인해 그나마 회복세인 듯싶어도 물가와 비교하면 형편없는 것이 내 몸값인 셈이다. 그래도 침종 싹 틔우는 것이야말로 내 모습이다.

_주영태
김제 할매네 껄막 대추나무

모퉁아리 매실나무도 쪼까 벼야것어야
자것이 통 열들 안 해야
매실나무 짤르는 것은 봄에 해야여
시방 짤리믄 얼어 디진게
디져 불믄 말제
잎삭 떨어진 놈 쓰니라고 징상시라
죽것드라…

당숙 집 앞에는 오래된 대추나무 한 그루가 있다. 태풍이 불어다 익지도 않은 대추를 떨어뜨리면 학교 가는 길에 주머니가 불룩하게 주워 가곤 했다.

익지 않은 대추는 덜 익은 대로 그 맛이 있다. 풋내는 신맛이 있는 것 같기도 하고 없는 것 같기도 하다. 세월은 저만치 흘러 풋대추는 고사하고 대추나무도 낙엽 지면 귀찮은 존재가 되어 버렸다.

전주 아재가 병원에서 돌아가시고 어제저녁 장례식장으로 오셨다 한다. 주섬주섬 챙겨 나설 채비를 하는데 엄마가 어디 가냐고 묻는다.

"징게* 할매네 껄막 대추나무 벼 주라던디."

"진즉부터 벼도라 했는디 인지까 안 벴냐."

"언제 틈이 있었가니라우."

"그나 징게 아짐은 그로고 잡쌌어도* 시방도 역사*여야 역사. 약통 그 무근 노무 것을 지고 온 사방 간디 약은 다 치고 댕게. 긍게 대추가 열 것이냐. 나 같었으믄 진즉에 자빠라져서 꼬꾸라져 부렀을 것이다."

할매는 부엌에 상을 펴 놓고 물근 밥을 드시고 계셨다.

코끝으로 맞난 무시너물 지진 냄새와 방 안 열기가 훅 들어왔다. 시장기가 돌아 침이 넘어간다.

"할매 껄막 나무 비러 와써. 처놈 비믄 뒤아?"

소리를 질러야 들리는 할매는 "누구요?" 이러신다.

"나여 나, 영태."

"잉, 영태구나. 밥 한술 뜨게 들어온나. 요로고 묵는다. 아무 입맛이 읍써야."

"맛나게만 보이구만. 할매나 잡싸. 저놈 벼 놓고 갈랑게."

"모퉁아리 매실나무도 쪼까 벼야것어야. 자껏이 통 열들 안 해야."

"매실나무 짤르는 것은 봄에 해야여. 시방 짤리믄 얼어 디진게."

"디져 불믄 말제. 잎삭 떨어진 놈 쓰니라고 징상시라 죽것드라…."

"암튼 진지 잡싸게. 내가 벼 놓고 갈랑게."

'몇 분도 안 되어 벼 불 것을 그리 망구 애간장 녹였까.' 생각하니 쫌 미안해진다. 마을에 두어 그루 있는 대추나무는 집집마다 지붕을 넘어 자랐다. 식구 없이 혼자 사는 집의 지저분한 것들을 정리하려는 듯 다들 나무를 모조리 베어 내려 애쓴다.

전주 아재가 돌아가시기 전 집 주변 나무를 정리하듯 징게 할매도 그런다. 대추나무, 감나무, 매실나무를 베는데 조막만 한 아이들이 서리하던 추억도 베어지는 것 같다.

마당에 난이란 개가 지그 집도 아님서 엄마를 방패 삼아 숨도 안 쉬고 짖어 댄다.

"여그 우리 집이여야. 시끄라!" 해도 막무가내로 짖어 댄다.

"저것이 청장시 망구같이 생겨서 이빨 응등허게 생겨 가꼬 염병허게 짖어 쌌네."

이 한마디에 어머니가 박장대소하신다.

"니가 청장시 망구를 어찌고 아냐?"

"왜 몰라라우. 할매한티 맨날 동백지름 이고 와서 팔고 가셨는디. 글고 나락 빌 때 화봉이 성님이 청장시 망구 닮았다고 해서 나도 밥 먹다 사레들어 부렀소."

"다 옛날 이야기다! 느그 할매 생전에 문턱 닳게 댕기시드만."
어머니는 한참을 생각에 잠기더니 말을 이으셨다.

"요양원에 든 잉감 망구들까지 합하믄 시방도 열늣이나 남었씨야. 다들 고생 안코 언능 죽어 부러야 헐 턴디."

"아고, 어매도 더 오래 살아야제."

"아퍼 불고 노망이나 들어 불믄 어쩔 것이냐. 신간 편허게 죽어 분 놈이 낫제."

2주 전쯤 윤정이 엄마 상하떡이 돌아가시고 아짐 동생 전주 아재까지 돌아가시니 마을 분위기가 참 쌀쌀한 날씨나 같다.

심장에 구멍이 숭숭 뚫린 것처럼 허싱허싱하다.

수도 옆 대추나무와 뒤안 감나무, 처마 끝 매실나무가 베여 나간다.

*김제
*연세 드셨어도
*장사

_주영태
안 보이던 스패너가 코앞에 있다

나이를 먹는다는 건
자꾸만 과거를 뒤적거리게 한다

밭갈이하다 트랙터가 스르륵 잠에 빠진다.

"아까부터 졸린 건 난데 왜 니가 먼저 자야?"

다시 시동을 걸어 보지만 트랙터는 도통 살아나지 않는다.

수리점에 전화를 걸어 거기서 일러 준 대로 배터리부터 살펴보려는데, 트랙터 미손에서 오일이 샌다. 수리점에 맡길까 하다 돈이 아쉬워 스패너를 잡는다. 이것저것 손대고 머리 쓰다 보면 아쉬운 대로 쓸 만해지곤 했다. 이번에도 손재주 한번 부려 볼까 하는데 전화가 온다. 히히덕거리느라 몇 분을 보내고 나니 무엇을 고치려 했는지, 연장을 어디에 두었는지 기억나질 않는다.

나이를 먹는다는 건 자꾸만 과거를 뒤적거리게 한다. 스패너 하나 찾느라 연장통을 뒤적거리다 보면 미래가 두렵다. 내 아들은 어떻게 살까. 나는 이렇게 늙어 가는데, 무엇을 버팀목 삼아 삶을 견딜까. 늘어나는 흰머리 수만큼 자꾸만 모든 것이 아련하고 애잔해진다.

더 이상 헤맬 곳도 없을 즈음 짜증이 치미는데, 아까까지 안 보이던 스패너가 코앞에 있다.

스패너를 주워 들고 웃음이나 내놓자 싶어 웃는다. 따라 웃는 이 하나 없다는 사실도 까맣게 잊고 웃는다.

_주영태
나락 비는 날

친구가 연애를 하더라도
나보다 즐겁고 기쁘게 자신을 기록하는
일을 잊지 않았으면 좋겠다

"이놈도 호래비, 저놈도 호래비, 야도 호래비, 야는 홀엄씨, 느그들 아째 그냐? 야, 느그들 밥 묵을 때 부르지 마라고야."

정색을 하는 영래 누나의 말에 밥알이 까실까실허다. 내 논 나락 베는 날 매번 뭉치는 돌싱들이 또 뭉쳤다. 인근 영광 읍내에서 장어볶음을 사 와 술안주가 건데도 찡따오 성님은 남의 집 논두렁 서리태를 자기 것인 양 꺾어 와 짚불에 굽고 있다.

"영수 성, 왜 경현이 성은 찡따오여?"

"너는 그것도 모름서 시 쓴다고 허냐?"

"맨날 찡따오 술만 먹응게 글제, 아째 그래야?" 그 말에 사레들어 눈물이 났다.

"글믄 얼큰이 성님은 맨날 술에 쩔어서 얼큰이고 똘배성은 맨날 외떨어진 배추밭만 고집헌게 똘배 성님이것네."

"인자 니가 뭇을 아는구만."

한바탕 웃는데 경현이 성이 "나한티 찡따오라고 허지 마라고야. 인자 찡따오술 안 묵은게." 하기에 "뭇이 뭇을 참제라우." 받아치며 즐거웠다.

이것을 어떻게든 써 봐야지 싶은 생각에 언제나처럼 시인 동생을 떠올렸다.

혼자 고심고심하며 쓴 〈나락 비는 날〉을 보냈다. 역시 글에는 시적인 구석이라곤 없는지 서리태에만 관심을 갖는 동생이다.

'참 밸시럽구나. 시를 봐 달랬더니 서리태를 가지고 오라는 명을 하다니.'

논 가상의 서리태를 한아름 꺾어 싣고 시인 동생이 머문다는 구례로 갔다. 마른 짚단도 함께 실어 온 것을 보더니 연방 감탄이다. 짚불에 구워 낸 서리태를 형님과 누님들은 별맛으로 먹었다.

'근디 내가 당신들 구워 줄라고 가꼬 온 것이 아닌디….'

몇 알 남지 않은 볏짚에 끄실린 서리태를 동생에게 내밀자 "우아! 우아!" 감탄사를 내뱉으며 받아먹는다. 근데 세계 최고 시인이지만 세계 최고로 잘 삐지는 동생이라서 또 삐졌다. 자기 주려고 가져왔다면서 가장 조금 남겨 주냐고 나더러 빈말만 한단다.

"내년에 팔천 평 가득 서리태만 숭거서 궈 주께." 하고 달랬더니 더욱더 확실한 빈말쟁이가 되었다. 미안한 마음에 짚불에 탄 몇 알을 더 건네었더니 그것도 맛있단다. 그 맛이 쓸 것인디 목구멍까지 나오는 말을 잇지 못하고 "내가 쓴 거이 어찐가 봐 봐야." 하며 낮에 쓴 시를 내밀었다.

_이소연

옹졸한 마음은 콩처럼 구워 먹어 버리고

나는 좋아하는 일을 할 때 좋아서 아무것도 따지지 않고 그냥 한다. 그러지 않으면 좋아하는 일은 해변에 버려진 슬리퍼 한 짝처럼 파도에 떠밀려 갈 뿐이다. 누군가 내게 더 중요한 일이 있으니 중요한 일부터 하라고 해도, 나는 좋아하는 일부터 한다. 나에겐 내가 좋아하는 일이 가장 중요한 일이기 때문이다. 스스로 몰입해 버리는 열정은 아무 때나 찾아오지 않으니까.

농부 친구와 함께 책을 쓰기로 한 건 내가 가장 하고 싶은 일이었다. 그런데 상대가 나처럼 생각하지 않는다는 건 매우 서운한 일이다. 친구는 자꾸 내 눈치를 봤다. 친구가 나와 책을 쓰기로 하고 얼마 지나지 않아 연애를 시작했는데, 책 쓰는 일보다 연애에 더 정신이 팔린 것 같다. 내가 멈추더라도 개의치 않고 달려가는 사람의 뒷모습을 보고 싶었는데, 그러면 다시 힘내서 쫓아가고 싶었는데, 아무래도 이쪽이 아닌가 보다.

이해는 한다. 연애 초반의 열정은 언제나 쓸데없이 아름답고 무모하고 삶의 많은 것을 뒷전으로 미루게 한다는 걸 모르지 않는다. 그렇지만 내가 지금껏 믿고 의지해 온 친구가 자꾸 농땡이를 치려 하니 환장하겠다. 세상사 내

뜻대로 되는 일이 없다곤 해도 서운함을 감출 수가 없다. 물론 친구의 손을 통해 내 유년을 불러오고 사랑을 정의하고 소중한 사람들을 하나씩 곱씹은 일들은 그 자체로 소중하지만 말이다. 그래, 그걸로 되었다 생각하지만… 그래도 자꾸만 욕심이 생긴다.

친구가 연애를 하더라도 나보다 즐겁고 기쁘게 자신을 기록하는 일을 잊지 않았으면 좋겠다. 오롯이 지금을 그냥 흘려보내지 않았으면, 조금이라도 더 붙들고 오래 들여다봤으면 좋겠다. 내가 보지 못하는 것을 볼 수 있는 사람이라서 내가 쓸 수 없는 것들을 그가 썼고, 나는 이 책을 기획하면서부터 그가 필요했다.

이 일을 어떻게 헤쳐 나가야 할지 생각하다 답을 내리지 못하고 잠들었다. 그리고 다음 날 아침 친구가 보낸 원고를 받았다. 순박하고 청명한 마음이 담긴 한 페이지 남짓한 글은 서리태에 대한 거였다. 그가 내게 주려고 고창에서부터 가져온 짚단과 서리태를 보고 웃은 것처럼 그의 글을 보고 웃었다. 옹졸한 마음은 콩처럼 구워 먹어 버리고 서리태로 시나 써야겠다.

_주영태
히히히

겁나게 맛있는 것인디 아째 마다허까이?

노랗게 잘 익은 참외를 보면 돌아가신 큰할매가 생각난다. 손재주 좋은 큰집 형님은 외밭에 원두막을 지어 놓았다. 여름내 내 차지가 된 외밭 원두막을 본부 삼아 훌쩍 그리워질 여름 풍경 속을 수도 없이 드나들었다. 그러다 여름방학이 끝날 무렵에 태풍이 불었다.

하필이면 그날 원두막에 탐구생활 책을 두고 오는 바람에 물에 젖어 찢어졌다. 그대로 학교에 갔고 매를 맞았다. 선생님들은 도대체 때릴 데가 어디 있다고 어린애를 그리 모질게 대했는지, 지금도 잔뜩 주눅이 들어 매 맞던 생각이 난다.

그래도 나는 노랗게 익은 외밭이 좋다. 수박보다 외가 좋았고, 큰할매가 호미 등거리로 퍽 쪼개 주는 다디단 참외처럼 할매가 좋았다. 주먹으로 쳐서 쪼개 먹어도 먹었을 외를 "내 강아지 묵을 만헌 놈으로 치래 오소." 하고 히히히 웃으시던 모습 눈에 선하다.

군유오거리에서 점방을 하는 큰집 고모네. 자전거를 못 타지만 발걸이는 할 줄 알아 석작에 담은 참외를 싣고 앞장서 가다 보면 지팡이 짚고 오는 할매가 저만치 뒤처진다. 뒤돌아 "할매! 빨리 와!" 하고 재촉하다가 기다리다가를 반복했다. 그렇게 한참을 걸어 큰집 고모네 당도하면 점방에 진열된 과자며 사이다, 콜라 요런 것을 맘껏 먹을 수 있어 좋았다.

오늘 어머니가 "외 따다 혁이 줘야 쓰것는디, 어째 가 보기도 싫디야." 하시며 "고추밭 물 좀 주고 외 좀 따 온나." 해서 가 봤더니 누렇게 잘 익은 참외가 주렁주렁 열렸다. 심어 놓고 약 한 번 치지 않았는데도 실허게 잘도 컸다.

서울 사는 시인 동생에게 "이것 쪼까 보내 주까?" 했더니 먹은

걸로 친단다. '참외는 좋아한가?'

"겁나게 맛있는 것인디, 아째 마다허까이?"

싱싱한 과채류가 농촌엔 지천인데 도시 사는 동생은 뭇이라도 보내 준다면 받은 걸로 친다고 한다. 그게 그리 서운하다가도 택배비보다 싼 참외 보내 주는 게 민폐일 것 같다는 데 생각이 미친다.

"오십 먹기 전 책 한 권 내 보는 게 꿈이여. 긍게 잘 좀 갈차 주소. 근디 과외비는 어찌고 보답해얀당가?" 하면 동생은 또 히히히 웃고 만다.

_주영태
얌마, 딱새 어쨌냐?

고양이는 몇 번 외박을 하더니
어느 순간 돌아오지 않았다

길고양이 새끼가 딱새 둥지에서 호기심 많은 눈망울로 날 쳐다본다. "얌마, 딱새 어쨌냐?" 고양이는 다가가는 날 경계하며 후다닥 달아났다. "오매! 우리 딱새 어찌까이?" 딱새가 한 마리도 남지 않고 흔적도 없이 사라졌다. '이런 나쁜 고양이!' 한참을 잊고 지냈는데 또 나타났다. 경계의 눈빛이 날카롭다. 콧방귀가 나왔다. 나는 멸치와 소고기 조금 떼어 와서 멀리 던졌다. 그리고 조금씩 거리를 좁혀 먹이를 떨어뜨렸더니 마침내 내 손에 있는 소고기를 먹는다. 고양이는 내게 들이대는 것도 모자라 그릉그릉대며 몸을 쓰윽쓰윽 부비더니 이젠 무릎까지 올라온다. '햐, 이 녀석 보게?' 그때부터 같이 살기 시작한 고양이 이름은 나비. "나비야, 나비야." 부르면 "니야옹!" 화답하던 고양이는 몇 번 외박을 하더니 어느 순간 돌아오지 않았다. "인사나 하고 갈 것이지…. 잘 살지?"

_주영태
아빠나 키워

요새는 참새가 박씨 물고 온다 안 허요

지앙질* 일삼는 참새 한 마리가 폭우 속 처마 밑에 떨어져 위태하다. 태어나 첫 고비를 넘기는 것인지 흠뻑 젖은 날개를 퍼덕여 보지만 제자리를 맴돌다 곤두박질칠 뿐이다. 아직 살 만큼 살아 보지도 않고 혹독한 세상 장벽에 부딪혀 나가떨어진 참이다.

비도 오는데 가, 말어?

"살려 주면 내 나락 쫌만 까 묵고 버러지나 많이 잡아묵어라."

내 손이 닿으려는 찰나 사력을 다해 총총 달아난다.

"살기는 헐랑갑네." 가뿐히 잡아채 집에 데리고 들어왔다. 덕분에 나도 흠뻑 젖었다. 어머니는 "아그들도 아니고 그런 것을 뭇 허러 잡아 왔냐?" 말씀하시는데 거기에 대고 농담 한마디 건네는 게 그리 즐겁다.

"요새는 참새가 박씨 물고 온다 안 허요."

가볍게 쥔 손안에서 참새가 무슨 힘이 나는지 꿈틀꿈틀댄다.

"어이, 가만있어야." 드라이기 뜨신 바람이 참새의 눈을 지그시 감긴다.

참새 살아생전에 상상이나 해 봤을까, 헤어드라이기로 깃털을 말리다니!

"혁아, 여 참새 한번 키워 볼래?" 하고 내밀어 보는데, 한 번 쓱 돌아보더니 다시 컴퓨터 모니터만 뚫어져라 쳐다본다. 그리고 "아빠나 키워." 한마디한다.

어쩌면 혁이도 컴퓨터 모니터 속에서 날개 꺾인 참새처럼 비를 맞는 건지도 모르겠다. 인생을 뒤바꿀 수 있는 게 무수히 많은데, 아직 어리니 취약할 수밖에 없는 걸까? 혁이 한 번 보고, 참새 한 번 보고, 어린 날의 나를 돌아본다.

종달새를 잡아 지성을 다해 보살펴 주다 아버지께 걸려 "공부 안 허고 어문 짓만 하느냐."고 혼이 났지. 참새의 미래가 혁이의 미래와 겹쳐진다.

그저 장벽을 만나거든 슬기롭게 극복하여 생을 다하는 날까지 잘 살아라.

비 그친 하늘에 참새를 놓아준다.

*말썽

_이소연

동상, 이것이 뭇인 종 안가?

생긴 것을 보면 논에 살게는 안 생겼다
바다에 가고 싶은 모양으로 생겼다
내 마음도 우렁이처럼 생겼을 것 같다

나는 포항에서 나고 자랐다. 동해 바다가 지척인 도시다. 여름이면 친구들과 삼삼오오 모여 바닷가로 갔다. 그때 청소년 버스비가 350원이었다. 그 돈만 가지면 바다로 갈 수 있었다. 수영복도 필요 없었다. 입고 온 그대로 바다에 뛰어들었다. 물을 가르고 나아가면 듣기 좋은 소리가 났다. 바다가 나를 손으로 짚어 가며 읽어 내는 소리 같았다.

물이 내는 소리들은 어쩜 하나같이 아름다울까. 수도꼭지에서 물 떨어지는 소리, 강물이 돌멩이를 맞고 퐁당거리는 소리, 우산을 두들기는 빗소리, 파도가 사정없이 바위를 후려치는 소리, 산산이 부서지는 소리. 그러니까 어떻게 물은 온몸이 부서지면서도 그렇게 아름다운 소리를 내는 걸까. 바다에 가고 싶다. 그런 생각을 할 때 친구가 사진을 보내왔다.

"동상, 이것이 뭣인 종 안가?"

"소라?"

친구는 박장대소했지만 나는 알아도 소라다. 지금 바다에 가고 싶어서.

"토종 우렁이여."

농약 오염으로 사라져 가는 우렁이가 친구 논에는 아직 있나 보다.

근데 생긴 것을 보면 논에 살게는 안 생겼다. '바다에 가고 싶은 모양'으로 생겼다. 나 같다. 내 마음도 우렁이처럼 생겼을 것 같다.

우렁이는 바다에 가고 싶은 모양을 하고서도 바다에 가지 못하는구나…. 가엾기도 하지. 시답잖은 바다 얘기를 해 주려고 전화했는데 숨소리가 거칠다. 삽질 중이라고 한다.

"그 땡볕에서 일하다가도 사진을 찍어 보낼 생각이 나?"

"뭣이고 보면 동상 비쳐 주고 싶응게."

우렁이는 꼼짝없이 친구 논에서 풀을 뜯어야겠다. 거기가 바다다. 바다에 가면 다들 사진을 남기려고 하니까. 논에는 파도처럼 온몸으로 부서지는 농부가 있다. 바다에 가고 싶어서 우렁이를 소라고 하고, 삽질하는 농부의 발목 근처에서 찰랑이는 논물 소리가 눈부신 이런 날은 더할 나위 없이 좋구나.

기념 촬영을 할 만하다, 우렁이야.

그리고 제초제를 써서 우렁이를 죽이고 다시 제초제를 치는 농사에 대해서는 친구의 말이 다 옳다. 농사를 잘 몰라도 나는 친구의 자수성가 농법이 마음에 든다. 거기에 바다가 있으니까.

_주영태
내 더는 안 먹을란다

어머이 시방도 아퍼서 죽겄는디
지금막 돌아가시는 것도 아니고
사실 때나 안 아프게 사셔야제

종종 어머니 보신을 위해 가물치 낚시를 한다. 한때 어머니는 몸을 움직이지 못하신 적이 있는데 용하다는 병원은 안 가 본 데가 없었다.

기력이 떨어진 어머니께 가물치를 잡아 드리면 신기하게도 염증이 사라지고 금세 기력을 되찾으셨다. 그런데 한 날은 가물치를 잡아 가져갔더니 "내 더는 안 먹을란다." 하시며 도로 살려 주란다. 마을회관에 가셨다가 마을 아짐들한테 "보약 많이 먹으면 죽을 때 못 죽는다."는 말을 듣고 기분이 상할 대로 상해서 단호하셨다.

"어머이, 시방도 아퍼서 죽것는디 지금 막 돌아가시는 것도 아니고 사실 때나 안 아프게 사셔야제. 아짐들이 당신들은 누가 잡어다 주도 안 헌게 샘나서 근가 비구만. 약 내려 놀랑게 드셔."

그 말에 마음이 풀어진 어머니는 비린내 나는 민물고기탕을 "꼬숩다." 하며 잘 드셔 주었다.

큰외숙모도 아흔일곱이 되시니 "더 살아서 뭐 하게. 진즉 죽었어야 헌디, 왜 이로코 안 죽는가 모르것어." 하신다. 그러곤 홍삼이나 건강식품은 일절 입에 대지 않으신다.

팔순을 새고 난 후부터 어머니도 건강식품을 비롯해 몸보신될 만한 것은 안 드신다. 외갓집 큰형님께 그 말씀을 드리니 껄껄껄 웃으며 두 냥반이 어찌고 똑같디야 하신다. 안타까운 마음 뒤에 웃음을 두는 형님 버릇은 나랑 닮았다.

_주영태
아, 새참 먹고 싶다

솔밭 모퉁이 구불구불한 논길을 따라
어머니가 한 손은 머리에 인 광주리를 잡고
한 손은 중심을 잡으려는 것인지
휘휘 저으며 오시곤 했다

새벽 4시 30분 기상. 겨우 세 시간가량 자고 일어나는 건 정말 죽을 맛이다. 하지만 일당이 세면 세 시간 아니라 한 시간만 자도 일어나진다. 참으로 희한한 일이다.

트랙터 기사를 타기로 한 첫날부터 4만 평 밭을 갈아야 한다. 편의점에서 간단히 요기하고 점심은 건너뛴다. 주유소에서 나눠 준 미지근한 물 두 병으로 저녁까지 트랙터에서 꼼짝 않고 일해야 조금 이른 시간에 끝낼 수 있다. 기계화되고 대량화된 농사일에는 그 옛날 새참이 없다.

옛날에 어머니는 광주리에 참밥을 가득 이고 오셨다.

막 지어 고슬고슬 김나는 하얀 쌀밥과 생물무침, 병어회, 홍어무침, 갓 담은 얼지와 막걸리까지 일꾼 귀히 여기는 만큼 찬도 많았다. 참 때가 되면 밭주인이 언제 오나 하고, 오는 길목을 보고 또 보고 했다.

새벽에 시작한 일은 언제나 일꾼들 배가 고파지는 아침 8시가 되면 속도가 느려진다. 그때 마침 솔밭 모퉁이 구불구불한 논길을 따라 어머니가 한 손은 머리에 인 광주리를 잡고 다른 한 손은 중심을 잡으려는 것인지 휘휘 저으며 오시곤 했다. 그 모습에 군침이 돌고, "참 온게 쪼까 더 서둘드라고!" 하시는 아재의 말에 삽질이 더 시원해졌다.

"너는 무더냐? 느그 어매 고개 빠져 불것다. 언능 가서 받어 오제." 진작부터 가고 싶은 마음에 대답 대신 삽을 내동댕이치듯 버리고 달려갔다. 새참을 받아 내 어깨에 짊어지려 하면 어머니는 "국 어퍼진게 내가 이고 갈란다." 하셨다. 하지만 광주리는 이미 내 어깨에 짊어졌다.

트랙터에선 아무리 밭머리를 보고 있어도 주인이 물 한 모금 내오지 않는다. 대신하여 일이 끝나면 밥값이 포함된 돈을 내민다.

'아, 새참 먹고 싶다.'

돈 걱정 시간 걱정 안 할 날 있을까?
_주영태

내가 한 예순 살로만 되돌아가믄
그 어매 태고 전국일주나 느
한번 해 볼턴디 인자는 텄다

할아버지 제사는 8월 보름이고 할머니 제사는 섣달 초하루다.

"내가 크면 하나씨* 할매 백두산 구경시켜 주께." 장담하던 때가 소지를 태우며 생각난다.

벌을 키우는 아버지를 위해 구례 무수네 집에 모시고 간 적이 있다. 섬진강물 반짝이며 흘러가는 모습을 보시고는 "내가 한 예순 살로만 되돌아가믄 느그 어매 태고 전국일주나 한번 해 볼 턴디 인자는 텄다." 하시는데 조부모께 "백두산 구경시켜 주께." 했던 일이 생각났다. 아지트로 쓰는 무수네 집을 구경시켜 드리고 곧장 지리산 성삼재로 달렸다. 3월인데 폭설이 내려 차는 못 올라갈 듯싶었으나 큰 문제 없이 올랐다. 성삼재에 올라 보니 눈꽃세상이 펼쳐졌다. 어머니와 아버지는 "이 높은 곳에 저런 으리으리한 집도 있고, 여그가 우리나라 맞디야? 허허이, 어찌고 이런 디다 이로고 잘 해 놨디야." 하시는데 나는 부모님이 한없이 안쓰러워 먹먹했다. 먹고사는 일을 핑계로 부모님 모시고 여행 한번 못 다닌 게 죄스러웠다. 조부모 백두산 구경도 못 시켜 드리고 소지 태울 때나 겨우 기억해 내는 못난 손주가 부모님 여행 한번 못 시켜 드리는 아들이 되어 있다. 반쪽짜리 나라에서 가 본 곳 없이 농사일만 하다가 팔순이 넘으신 부모님.

내 곧 돈 걱정 시간 걱정 안 할 날 있을까?

*할아버지

_주영태
니들 동심, 다 어디 갔니?

한여름에도 노란 콧물 흘리던 아이들은
나 하나만 주라 나는? 나는? 이럼서
말벌을 때려잡은 용감한 친구들에게
매달리기 일쑤였다

조막만 한 아이들 무리가 연방 떠들어 대며 풀밭에 질펀히 싸 놓은 소똥을 뒤적거려 쇠똥구리를 파낸다. 암놈보다 수놈이 멋지고 등치가 커서 수놈을 선호하는데 뒤집기도 수놈들이 잘 뒤집으니 항시 수놈이 인기가 많다.

여름방학이면 방죽으로 수영하러 다니다가 덜 익은 사과를 서리해 먹었다. 참외밭, 수박밭… 악동들이 지나치는 곳은 언제나 말썽이 나곤 했다. 언제나 아버지께 회초리를 맞거나 욕 한바가지 질펀하게 얻어먹고 조동아리는 댓자나 나와 다음 날 아침까지 때 탄 얼굴에 눈물자국을 증표라도 되는 양 달고 다녔다. 하지만 언제 그런 일이 있었냐는 듯 까맣게 어제 일을 잊곤 했다.

아름드리 참나무에 수액이 흐른다. 그 수액을 먹으려는 장수풍뎅이와 사슴벌레를 두고 아이들이 쟁탈전을 벌인다. 쏘이면 대그빡이 벌어진다는 장수말벌이 가장 큰 장애물이다. 어린 우리에게 헬리콥터 소리처럼 귀를 먹먹하게 하는 말벌은 공포 그 자체였다. 하지만 우리에겐 고무신이 있었다. 장수말벌이 수액의 시큼한 맛에 취했을 때 고무신짝으로 때려잡았다. 그러고 나면 장수풍뎅이와 사슴벌레는 나무에 올라가서 장수말벌을 해결한 아이에게 돌아간다. 일거에 세 마리를 잡는 쾌거 앞에 한여름에도 노란 콧물 흘리던 아이들은 "나 하나만 주라" "나는?" "나는?" 이럼서 말벌을 때려잡은 용감한 친구들에게 매달리기 일쑤였다. 장수풍뎅이가 빛을 찾아 가로등에 부딪혀 땅바닥에 기고 있을 때 아들 생각이 났다. 집으로 가져와 건네줬더니 소 닭 보듯 한다. "이게 뭐야. 아빠나 가져." 하고 거들떠도 안 본다. 어릴 때 추억을 떠올리며 애써 가져온 장수풍뎅이가 말하는 것 같다.

'니들 동심, 다 어디 갔니?'
이제 동심은 게임 속에 있다.
풍뎅아, 고만 해라. 그리고 잘 가라.

4부 장작 패는 사람

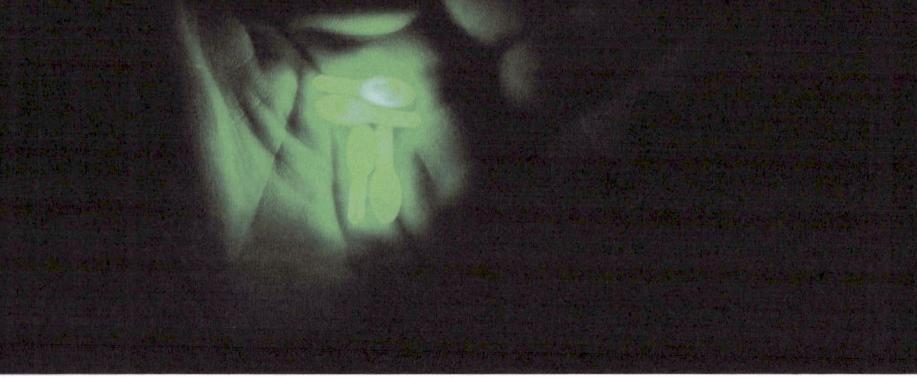

_이소연
낚시한다는 말

이를테면 손맛이라거나 입질이라거나
이런 말들이 잔인하도록 권위적이어서
견디기 힘들다
꼭 세상이 나를 두고 하는 말 같아서

또 낚시를 간단다. 싫다. 말리고 싶다. 농부 친구가 좋아하는 것들은 묻지도 따지지도 않고 덩달아 좋아라 하는 편이지만, 낚시는 좋아지지 않는다. 어린 시절 인주못의 기억 때문이다. 인주못은 내가 살던 작은 마을에 있는 연못인데, 가을철만 되면 거기서 낚시 대회가 열렸다. 안 그래도 낚시꾼들이 자주 찾는 곳인데, 낚시 대회까지 여는 날이면 연못은 졸지에 쓰레기장이 되어 버렸다. 엄마는 낚시꾼들이 연못을 망친다고 했다. 친구가 낚시를 하러 간다고 하면 속으로 '연못을 망치러 가는군.' 한다. 쓰고 남은 떡밥이 버려진 것처럼 나는 자주 버려진다. '귀찮을 정도로 찾아 댈 때는 언제고, 낚시하느라 나를 버리다니! 용서하지 않을 테다!' 게다가 낚시라는 단어에는 도무지 정이 가지 않는다. 속았다는 뜻으로 '낚였다'는 말을 쓰는데, 아무래도 속이는 일을 하자고 잘 뭉친 떡밥 같은 얼굴로 한자리에 죽치고 앉아 있을 농부 친구의 모습은 생각할수록 별로다.

실은 혼자 듣는 풀벌레 소리도 탐나고 밤하늘도 탐나고 시원한 물소리가 조그만 바늘 끝에 낚여 올라오는 찰나도 몽땅 다 탐이 난다. 하지만 느닷없이 동물의 생과 사를 두고 놀이를 하는 인간이 끔찍스럽게 느껴져서 낚시한다는 말을 들으면 우울해진다. 이를테면 손맛이라거나 입질이라거나 이런 말들이 잔인하도록 권위적이어서 견디기 힘들다. 꼭 세상이 나를 두고 하는 말 같아서. 한쪽은 즐기고 있지만 한쪽은 사력을 다해 쫓아온 것이 미끼였다는 사실을 깨닫게 되는 놀이. 정말이지 일방적인 놀이. 나는 어느 한쪽만 즐거운 세상의 많은 놀이를 그만뒀으면 좋겠다. 사랑도 우정도 결국 함께 해야 한다는 생각. 물고기처럼 몸통으로만 버티고 서도 쓰러지지 않는 팽팽한 감정들을 갖고 싶다.

 물고기는 타원형의 유연하고 매력적인 선을 가졌다. 물고기가 좌우를 공평히 매만지며 앞으로 나아가는 모습을 떠올리면 너무 아름다워서 내 마음속에 들여 키우고 싶어지곤 했다. 나는 어떻게 한쪽으로 기울지 않고 앞으로 나아갈 수 있을까? 매번 생각한다. 수족관의 기울어진 물고기는 이미 죽어 가는 물고기였다.

_주영태
"외롭냐?" 하는 간단한 질문들

짬낚시를 하는 날, 낚싯대는 네 대 정도가 딱 좋다.

대물낚시를 하며 세월을 낚다 보면 온 신경이 야광 찌 불에 집중되고 챔질과 동시에 휘리릭 하며 낚싯줄이 물 가르는 소리는 정말이지 나를 무아경에 빠뜨린다. 붕어와 나만의 겨루기가 시작되는 것이다.

낮에 일하고 밤에는 더위를 피하고자 해도 요즘 같은 밤더위는 선풍기 가지곤 도저히 이겨 먹을 수가 없다. 며칠째 밤마다 짬낚시를 한다. 낚시가 끝나고 근처 물 대는 지하수에 멱감고 오는 게 열 식히는 데는 그만이다.

더위가 기승을 부리는 건 가까이 온 가을의 기별이라 불청객 모기만 없다면 더운 별빛과 벗 삼은 여름밤 열대야도 나쁘지만은 않다.

방죽에 간간이 불어오는 바람은 데워진 아스팔트의 바람과는 그 급이 다르다. 여름만이 가진 추억들이 꿈틀대면 어느새 서울 사는 시인 동생이 생각난다.

동생은 또 질문한다. 그놈의 질문은 끝도 없다.

"낚시는 왜 하는데?"

"걍 좋드라. 혼자 이로고 독조해 있으믄."

아무리 대답해도 질문은 계속된다. 뭐가 못

마땅한 것이 있는지, 이야기는 꼬리에 꼬리를 문다. 그러다 입질이 와서 "쫌만 끊어 봐야. 입질 온게." 해도 동생은 그 입질이 얼마나 중요한지도 모르고 계속 말을 시킨다. 그러면 끊지도 못한다.

"시가 안 써지는데 놀아 주면 안 돼?" 하고 조르면 늘 지고 만다.

동생이 묻는 건 "왜 혼자냐?" "외롭냐?" 하는 간단한 질문들인데, 그걸 막상 말하려면 어렵고 쑥스럽다.

뭇이 외로운 게 있을까? 별빛이 있고 야광찌 불이 있고, 게다가 간간이 월척 붕어들이 "나 잡아가씨요!" 하고 잡혀 주는데, 쓸데없는 질문으로 나를 괴롭히는 못돼먹은 시인의 세계는 참으로 연구 대상이다. 그러다가도 붕어 대신 나뭇가지가 걸려 올라왔다는 소리에 곧 뒤집어질듯 박장대소하는 시인 동생이 어찌 안 귀여울쏘냐.

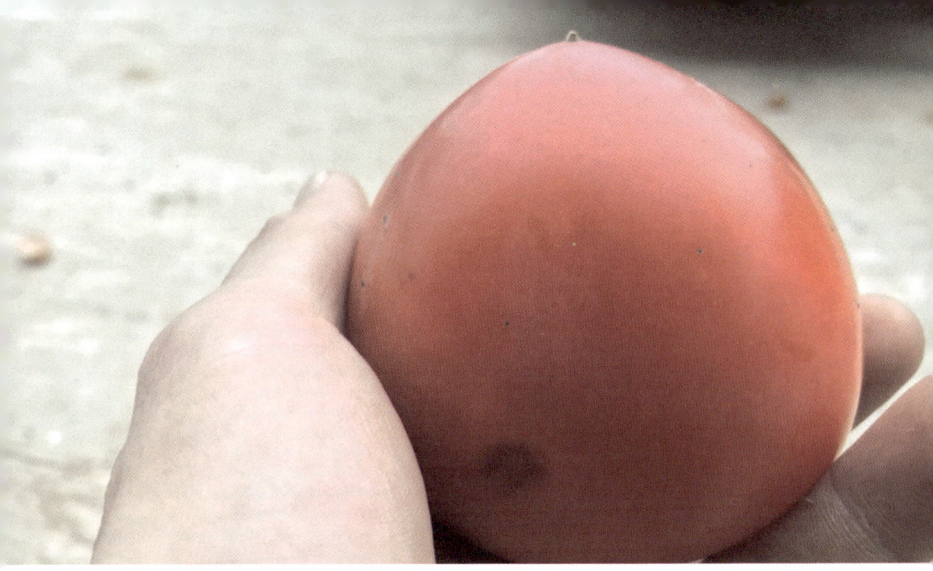

할매 잘 있는가?
_주영태

할머니가 하나씩 나눠 주시던 겨울 간식은
꼭 하나씩 나눠 줘서도 맛있었고
내게 돌아오는 몫을 계산해 보는
어린 마음 때문에도 맛있었다

뒤안에는 묵은 장동감나무 한 그루가 서 있다. 땡감으로 먹어도 단감처럼 맛있는 감이다. 운동회 연습이 시작되면 "막둥아, 감 좀 따 온나." 하시는 할머니의 말씀에 날다람쥐처럼 금세 올라가 땡감을 땄다.

할머니는 오가리에 땡감을 절여 단감을 만들어 냈다. 콩도 한 말 묻어 주고 두엄도 묻어 주고… 감나무 사랑은 끝이 없었다. 할머니는 서리 맞은 감을 따 식구 수만큼 셈하여 숨겨 두셨다. 문제는 하나를 먹으면 하나를 더 먹고 싶은 충동이 인다는 것이다. 충동을 못 이긴 손주들이 광으로 향하려면 할머니는 광에 쇠를 채우셨다. 그런데 기술 좋은 작은형이 교묘하게 돌쩌귀를 빼 광을 뒤져도 홍시는 나오지 않았다. 할머니는 광에 숨겨 놓은 듯 연기를 하고 광이 아닌 뒤안 광주리에 숨겨 두셨던 거다. 할머니의 열연 덕에 그 긴 겨울 간식거리가 떨어지지 않았던 것이다.

할머니가 나눠 주시던 겨울 간식은 꼭 하나씩 나눠 줘서도 맛있었고 내게 돌아오는 몫을 계산해 보는 어린 마음 때문에도 맛있었다. 그러니 할머니는 내게 세상에 다시 오지 않을 맛을 나눠 주신 거나 다름없다. 다시 살아도 두 번 다시 느끼지 못할 겨울 찬 홍시의 맛이다.

대가족 건사하시느라 늘 졸라맸던 할머니. 첫서리 내린 가을, 먼저 익은 홍시를 보면 늘 할머니 생각이 간절하다. '할매, 잘 있능가? 인자는 홍시가 썩네….

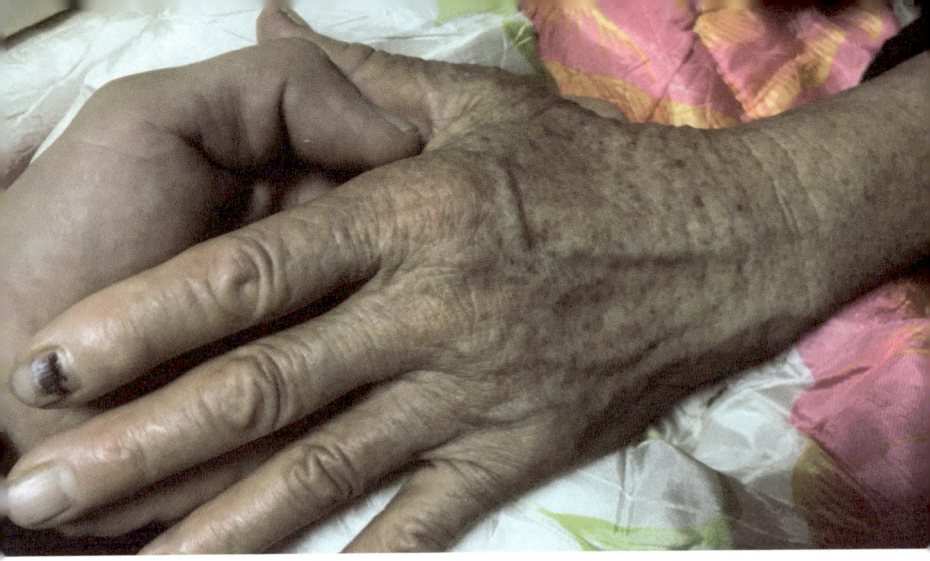

_주영태
울 어매 이뿐 손

못이고 잡사
그래야 들 아픈게

"아가, 에미 말이다, 아째서 너 고상허는지 뻔히 벼도
요양원에도 가기 실코 죽으믄 꽃생에 타고 가고 자퍼야.
글고 인자부터는 까마치도 잡지도 말어라.
인자 고만 묵을랑게."

"어메, 아째 그요? 오늘은 벨시랍네.
어메가 배랑박에다 그림 그리고 똥칠을 해도
깨깟이 해서 모실 것이고
요양원 그런 디도 안 보내고
꽃상여 태야서 보내 드릴랑게 꺽정 마시랑게.
돌아가실 때 잠깐 아프고 말아야제.
시방 죽는 날 받어 놨가니,
아무 힘아데기 없이 살어라우?
뭇이고 잡사. 그래야 들 아픈게.
어메가 요로고 아퍼 불믄 나는 눈에서 천불 나 분게요.
아프들 말어게.
그나 울 어매 이뿐 손인디 고상만 해 가꼬 병들어서 어찐다요.
요리 내 바. 내가 주물러 주께.
여그 손꾸락은 어따 찧어 부렀다우? 손톱 빠지것는디…."

"어따 찧었는가 생각도 안 난디, 징상시랍게 아퍼서 본게 저로
고 멍들어 있드라."

"에고 울 어매 인자 일도 말어야디. 그나 내가 어매 손 닮어서

이쁜갑네."

 "긍게, 너는 외탁했이야. 느그 큰성허고 시째 누이는…."

_주영태
육지나 섬이나 똑같은 신세

어그러진 화산토를 손에 올려 보니 가볍다

형들의 얼굴이 떠오른다

코끝이 찡해 온다

겨울이 되면 농한기가 한창이라서 몸이 근질근질하고 잡생각이 많아진다. 몸이라도 움직이지 않으면 안 되겠단 생각에 미뤄 둔 산을 가고 낚시를 가고 농형제들과 술추렴도 한다.

농사꾼이 농사 다 지어 놓고도 연말이 가까워지면 어디 공사판이라도 나가야 하는 것 아닌가 하며 스스로를 다그치게 된다.

야산에 올라 소나무를 칭칭 감고 하늘에 오르려는 칡넝쿨을 보면 소나무가 내 모습 같다. 숨통을 조이듯 돌돌 감고 올라가는 칡넝쿨을 잘라 낼 때는 갑갑한 세상에서 벗어난 듯한 착각이 인다. 송담은 류머티즘 관절염에 좋다는 소문이 있는 터라 옆마을 대기 형과 뭇이 약 될지 모르게 줄기를 잘라다 술을 담고 칡을 캐 온다.

칡 캐는 일은 딱 고생한 만큼 얻을 수 있다. 내 키보다 큰 뿌리를 캐려면 구덩이를 서너 배 정도 캐야 칡뿌리가 상하지 않는다. 칡 캐러 간 날은 아침에 나서 해 질 녘이 돼야 돌아오곤 한다.

금세 알음알음 판매가 된다. 100봉에 10만 원, 원가를 제하면 하루 일당 6만 원 정도 버는 셈이다. 그렇게 벌어서 팔지도 먹지도 못할 송담술을 담갔다. 지금은 그게 어디 있는지도 모른다.

'이런 짓도 못 해 먹겠다' 싶을 때, 한사코 가지 말라는 제주에 갔다. 제주에서 귤 농사 짓는 경록이 형과 석대 형, 문철이 형을 믿고 갔다. 그런데 막상 가 보니 귤 파동이 나는 바람에 일거리가 줄고 이주노동자도 일거리를 못 찾아 노는 형편이라 했다.

한 달 살기 계획이 어그러졌다. 돈 벌 폭 잡고 1톤 트럭을 배에 싣고 텐트 생활도 불사하겠다는 다짐까지 덤으로 싣고 왔는데 모든 게 물거품이 된 것이다.

형들과 회포를 풀고 며칠째 술추렴을 하다 보니 신세 지는 게 미안하기도 하고 육지에서 느낀 답답증이 더 증폭될 뿐 가시질 않았다.

같은 농촌에서 나고 자란 사람들이 직장을 얻고부터 농형제였던 사람을 무시하는 건 육지나 섬이나 똑같은 신세였다. 불같이 화가 나고 천덕꾸러기가 된 우리네 삶이 애달팠다.

기왕 온 김에 올레길을 걷고 오름을 오르자 작심하니 한결 마음이 편해졌다. 대형 배낭을 메고 수행과 같은 길을 나섰다.

동검은이오름에 오르다 절개지를 만났는데 땅속 깊이까지 튀밥을 튀겨 놓은 것 같은 제주 땅을 만났다. 빨간 화산송이만 봐 온 터라 신기했다. 어그러진 화산토를 손에 올려 보니 가볍다. 형들의 얼굴이 떠오른다. 코끝이 찡해 온다.

숭숭 구멍 뚫린 흙. 육지 흙과 전혀 다른 화산토 그 땅에 손발 묻고 살아온 우리 노총각 형들이 반백 넘어 환갑으로 달려가고 있다. 정말 환장할 것 같다. 동검은이오름에 다 올라 텐트를 치고 석양을 내려다보고자 했으나 식량도 없고 물도 없고 조리할 도구도 놓고 왔다. 하루 굶는다고 죽겠냐 싶었는데 마침 그때 꼬르륵 소리가 난다.

한참을 앉아 풍광을 내려다보는데 피식 웃음이 났다.

이게 사주쟁이가 말한 끝도 없는 역마살이구나 싶다.

그래, 걷자. 걷다 보면 답이 나오겠지.

_주영태
밥 먹기 전에 줬어야 하는데

양푼에 밥과 김치 약간의 국물을 담아
내주셨다
허겁지겁 먹었다 배부르고 보니
개밥이었나 하는 생각이 들었다

고등학생 때 북한산 인수봉 오르던 사람들이 조난당한 과정을 그린 드라마가 있었다. 등산부였던 나에게 큰 감흥을 불러일으켰다. 덕분에 게으름도 피우지 않고 주말이면 선생님들을 따라 산에 다녔다.

군대를 전역하고 농사짓던 어느 날, 할매바위에서 등반하는 형님들을 만나면서 암벽 등반에 빠져들었다. 암벽만큼 재밌는 운동이 없었다.

백두대간이 한창 유행하던 때라 겁 없는 의지가 불타올랐다. 단독 종주 계획을 세웠다. 월간지《산》에서 지도를 오려 코팅을 하고 나침반을 챙겨 대간길에 나섰다.

완주를 목표로 출발했지만 추풍령에서 탈이 났다. 산에서 보이는 추풍령은 멋졌다. 먹을 게 많겠다는 희망 때문에 더 멋져 보였다. 종주할 때는 배낭의 무게를 줄여야 한다는 선구자들의 말을 들었다. 그들은 뱀류를 잡아먹으며 대간을 뛰었다고 했다. 어린 마음에 나도 그럴 수 있을 것 같아 육포와 가벼운 먹거리만 챙겨 나섰는데 싸 온 것을 다 먹고 누룽지가 얼마 안 남은 상태였다. 머릿속은 이미 어느 식당에 앉아 고기 냄새를 맡고 있었다.

추풍령면에 도착해 허름한 정육점에 자리를 잡았다. 주문을 해 놓고 나와 바로 옆 슈퍼에서 보름달 빵 두 개를 사 먹었다. 고기를 너무 많이 먹을 것 같아서 먼저 요기를 한 것이다. 돼지고기 한 근에 3000원이었던 게 기억난다. 구워지기를 기다리는데 옆에 앉은 아저씨들이 말을 건네 왔다. 대화 끝에 무얼 하러 그런 짓을 하느냐며 불쌍해 보였는지 고기를 덜어 주었다.

나는 허겁지겁 먹기 시작했다. 돼지고기 한 근과 소주 한 병,

밥 두 공기를 먹었다. 뭐 찍어 먹지도 않고 거지처럼 막 집어 먹어 버렸다. 숨 쉬기조차 힘들 정도로 배가 불러 왔고 결국 탈이 났다. 지쳐 잘 곳을 찾는데 찾을 수가 없었다. 그러다 시장 좌판에 그냥 쓰러져 잠이 들었다. 동 트기 전, 뭐라뭐라 욕하는 소리가 들려왔다. 웬 걸뱅이냐는 식의 욕이었던 것 같다. 누군가의 부축을 받아 어딘가로 갔는데 눈을 떠 보니 여인숙이었다. 가는 날이 장날이라고 그날이 추풍령면 8일장이었다고 한다. 한 아저씨가 일찍 발견하여 죽어 가는 산객을 여인숙에 데려다 놓았다고 했다. 다시 길을 나섰지만 몸이 좀처럼 회복되지 않아 중단했다.

추수를 마치고 재도전을 했다. 하필이면 왜 겨울에 재도전을 했을까? 제대로 된 장비도 없는데 말이다. 혹독한 추위를 견디느라 곤욕을 치렀다. 습설이 내린 날 나무에서 떨어지는 눈을 맞았다. 기능성 옷이었다면 녹는 눈이 스며들지 않았을 텐데 내가 입은 옷은 스펀지처럼 물을 빨아들여 속옷까지 다 젖어 버렸다. 젊은 혈기 하나만 믿고 종주길에 오른 나의 저체온증이 시작되었다.

해가 지니 점점 두려움이 엄습했다. 빨리 어디라도 가서 눕고 싶은 마음인데, 허기가 지니 단 한 발자국 내딛는 게 그렇게 힘들었다. 다행히 민가의 불빛이 보였다. 찾아 들어간 집은 할머니 혼자 사시는 집이었다.

"할머니, 밥 좀 주세요. 너무 추워요."

들어가 앉은 곳이 냉골 부엌방인데도 바깥보다 따뜻했다. 할머니께서 양푼에 밥과 김치, 약간의 국물을 담아 내주셨다. 허겁지겁 먹었다. 배부르고 보니 개밥이었나 하는 생각이 들었다. 하지만 맛있게 먹은 터라 할머니께 만 원짜리 한 장을 건넸다. 할머니는 그냥 보내기 미안했는지 고구마 하나를 내밀며 사주를 봐 주겠다고 하셨다.

　추워 죽겠어서 따뜻한 물 한 잔 청하고 할매 말씀대로 생년과 생시를 알려 드렸다. 역마살이 쉬이 잠들지 않겠다고, 장가를 가더라도 마흔 넘어서 가라는 말씀을 하셨다. 그 소릴 듣고는 더 이상 할머니와 이야기하기가 싫어졌다. 추워 죽어도 그 집을 나와야만 했다. 체온으로 겨우 말리던 축축한 옷에서 한기가 느껴졌다. 그날 밤은 근처 비닐하우스에 들어가 잠을 청했다. 보온 덮개 위에 누워 있는데, 서럽도록 할매 생각이 났다.

　거지가 밥바구리의 밥을 다 먹었어도 새 밥을 지어 싸 주던 할머니는 "우리 막둥이는 늦공부 터진다고 했응게, 공부 안 헌다고 너무 머라 마러라." 하셨다. 아버지 역정에도 항상 내 편만 들어 주신 할머니 덕에 이 역마살은 청년이 되어도, 반백 아재가 되어도 가시질 않는 모양이다.

_주영태
백은 언제 다 세지는 것이여?

콧물 흘리며 고구마 먹던 꼬마둥이가
이젠 고구마 대신 소주병을 묻어 두고
백까지 센다
커서 세는 백은 시시하다

마음이 아픈 아들을 학교 아닌 캠프에 데려다주고 오는데 눈이 내린다. 아들 얘기를 하고 싶다. 그리고 할 수 없다. 생각하는 것만으로도 눈 밑이 따끔따끔하다. 쌓인 눈을 보고 할 수 있는 아프지 않은 이야기를 떠올리다가 어릴 때 막내 누나 생각이 났다.

누나는 눈 속에 고구마를 묻어 두고 "백까지 세면 꺼내 먹자." 했지만, 아직 숫자를 다 못 세는 내게 백은 기절할 만큼 큰 수였다. 아무리 세도 다 셀 수 없는 수. 하나, 둘, 싓, 닛, 일곱, 꿀밤을 한 대 맞으며 다섯.

"긍게, 백은 언제 다 세지는 것이여? 글믄 인자 누나가 시어. 나는 못 신게."

누나는 고작 두 살 터울인데 싸납고 또 싸납고 징허니 싸납다.

"누나, 인자 다 시었능가? 백 시다가 날 새것네."

"무지개 생길 때까지 있을라믄 더 있어야 된당게. 새꺄, 긍게, 조용해! 거진 다 시었응게."

누나는 고구마가 속까지 차지면 당도가 높아지고 무지개색을 띠는 줄 어찌 알았을까? 매일 먹는 고구마도 눈이 내리는 날은 더 맛있고, 한 입 베어 물면 고구마에 색이 보이는 둥 마는 둥 생기는데 막둥이인 나는 우기기를 좋아했다. "우와, 완전 무지개다! 누나는? 봐봐. 에이~ 누나 꺼는 맛 읍것네. 내야는 여어~~ 완전 무지개 뒤아 부렀제?"

콧물 흘리며 고구마 먹던 꼬마둥이가 이젠 고구마 대신 소주병을 묻어 두고 백까지 센다.

커서 세는 백은 시시하다.

'글믄 백 더 시어 불제.'

한참 차가워졌겠다 싶은 소주병을 들고 들어오자 어머니는 "그놈 병이 개분게 내부르지 말고 나둬. 참지름병 허게." 말씀하시고 "굴 무쳐 놨응게 그놈 갖다 무거라." 하신다.

맨날 방바닥에 널브러진 술병 치우느라 혀를 끌끌 차시던 어머니가 오늘은 자기 자식 멀리 캠프 보내고 심난한 아들의 모습이 마음에 걸렸는지 굴무침까지 해 놓으셨다.

방 따숩고 좋은 곳 보내 놨으니 어련히 신경 써서 보살필 텐데, 스산한 겨울 한기가 마음에 박힌다.

_이소연
그리워지는 세계를 향한 농담

내가 싫다고 말한 건 여태 다
가짜였다는 걸
사실은 눈이 보고 싶기도 했으면서
빗소리를 들으면 더 듣고 싶다고
생각했으면서 그건 아주 잠깐이고
잠깐의 좋음을 붙드는 일이 구차하다고
여겼다

친구가 눈을 찍어 보내왔다.

서울에 첫눈이 내릴 때 나는 서울에 없었다. 눈은 나를 피해 다니는 것 같다. 친구도 나랑 같이 있었는데, 고창에 돌아가니 첫눈이 내리고 있었단다. 아무래도 눈은 자기를 좋아하는 사람을 따라다니는 것 같다.

친구가 사는 고창은 설창이라고 부를 만큼 눈이 많이 오는 고장이라고 한다. 그 말을 들으니 문창과를 술창과로 부르던 학부 시절이 생각났다. 내가 술을 좋아하긴 하지만, 물론 문창과 동기들이 다들 술을 좋아한 건 맞지만 유치하기도 하지.

유치하기로 치면 지지 않는 농부 친구도 내가 "이상하다."고 하면 "이상하면 치과 가야지." 한다. 그리고 혼자 웃는다. 나보다 아홉 살이나 많은 그는 어른이 될수록 자꾸만 그리워지는 세계를 향해 농담을 걸고 있는 것 같다.

난 하늘에서 내리는 건 다 싫다. 비도 싫고 눈도 싫고 우박도 싫고 암튼 다 싫다. 근데 그는 하늘에서 내리는 걸 다 좋아한다. 비도 좋아하고 눈도 좋아하고 우박은 모르겠다. 좋아하는 마음은 싫어하는 마음보다 힘이 세서 그와 친하게 지내는 동안 비도 좀 좋아지고 눈도 좀 좋아졌다.

그런데 이번 여름 장마가 유난히 길어지자 친구가 이젠 비가 징글징글하다고 했다. 그렇게 비가 좋다고 설파하던 사람의 입에서 나오는 말은 진짜 중의 진짜다.

그때 깨달았다. 내가 싫다고 말한 건 여태 다 가짜였다는 걸. 사실은 눈이 보고 싶기도 했으면서, 빗소리를 들으면 더 듣고 싶다고 생각했으면서, 그건 아주 잠깐이고 잠깐의 좋음을 붙드는 일이

구차하다고 여겼다.
　소복이 담긴 첫눈 아래 붉어진 그의 손바닥을 보니까 조금 더 눈이 좋아진다. 하지만 진짜인지는 모르겠다.

겉멋 든 도끼질

_주영태

아름다운 마음은 어떻게 가질까?
더 아름다운 마음을 가지고 싶다

장작을 패기 전 한껏 멋을 부린다. 멋이라고 해 봐야 작업복이다. 얼마 전 시인 동생은 퇴고한 시를 써서 보내왔다. 내가 장작 패는 영상을 보고 쓴 시라 했다. 눈앞에서 본 것도 아닌데 시를 잘도 쓴다. 그 시 때문에 나는 자꾸 겉멋이 든다.

도끼질 한 방을 내려치는데도 '나를 보고 썼당게.' 하며 멋을 부리게 된다. 하지만 나무를 한 차 실어 와 반 차 정도 썰고 도끼질을 하다 보면 멋이고 뭇이고 "하이고, 나 죽것네." 말보다 혀가 반 자나 먼저 나온다. 숨소리도 거칠어지고 땀은 비 오듯이 흐른다.

그 노곤한 개운함을 어찌 설명할 수도 없지만, 지금껏 장작을 한 번도 안 패 봤을 동생이 장작 패는 사람보다 그 느낌을 더 잘 아는 것 같다.

며칠 전 이장님한테 전화가 왔다. "난디이~ 저그 미러꿀 거시기 알제? 거 안 있능가. 거 후딱 이름이 생각 안 나야." 혼잣말을 하시는데 들려오는 음성에서 손짓이 보인다.

"네, 알아요. 거그 공사 할랑갑드만요?"

"잉, 긍게, 거그, 거그, 잘 아는구만. 나무 댓그루 있는디 포클레인으로 실어 준다고 헌게 언능 가서 비여 와 부러."

이장님이 마을일을 도맡아 하다 보니, 누구네 집 밥숟가락이 몇 개 있는지까지 다 아시는 것 같다. 마침 나무가 필요한 참이라 나무를 베러 갔다. 우람한 나무가 넘어지며 땅에 부딪히자 짜자작 하고 가지 부서지는 소리가 났다.

'내 나이보다 더 묵었을 거인디….' 나이테를 세어 보고 그루터기에 손바닥을 올려놓고 잠시 눈을 감는다. 따뜻하다. 몹시 슬픈 것도 같다.

포클레인 기사는 잘린 나무를 트럭에 차곡차곡 쌓았다. 집으로 두어 차 해 오니 마당 가득 나무가 쌓였다. '올겨울 나무 다 했네.' 하는 생각과 '저걸 언제 다 토막 내고 팬대?' 하는 푸념이 반복된다. '그래, 어머니 말씀처럼 눈같이 게으른 것이 없고, 손발같이 부지런한 것이 없지.' 손바닥에 퉤퉤 침을 뱉고 길게 자른 나무를 토막 낸다. 그리고 장작 패는 사람을 생각한다.

_이소연
장작 패는 사람

      어제 새벽엔 시를 쓰다가 창문을 내다봤는데
      술을 깨려고 장작을 팬다는 사람을 만났다
      그의 마당엔 쓰러진 나무가 가득했다

      쓰러진 마당에 나무를 심는 아름다운 사람이었다

      아름다운 마음은 어떻게 가질까
      더 아름다운 마음을 가지고 싶다

      팬다는 말을 가져 본 적 없는 내가
      팬다는 말을 가장 아름답게 배우는 새벽이었다
      그는 언 손으로 나무를 패려고 겨울을 데려오고 싶다고 했다
      이 새파란 여름에
      이 지독한 여름에

      언 손을 그리워하는 마음은 어떻게 가질까
      더 차고 혹독한 마음을 가지고 싶다

      프랑스에서도 장작을 패고 과테말라에서도 장작을 패지만
      장작을 패지 않는 나라가 있다면 거기선 아무것도 쪼개지지 않을 것 같고

쪼개지지 않는 건 가짜라는 생각
있는 힘껏 세상을 쪼개는 남자가 들고 있는 것이
도끼라는 게 믿기지 않았다

자신이 팰 것이라곤 나무밖에 없다는 듯
이대로 끝나도 좋을 것처럼 땀을 흘리는 사람 옆에서
무엇을 위해 장작을 패느냐고 묻기 위해 나는 나이를 먹는구나

날마다 마당에 쓰러진 나무를 쪼개면 거기서
새벽이 태어나는 걸까?

도끼라는 걸 믿을 수 없는 도끼로 나무를 내려쳐서
새벽 창문을 만드는 사람이라고 그는 고백했다

새벽 창문이 내 옆으로 와서 눕는다
새벽 창문은 다시 오지 않을 창문
내가 단 한 번도 가져 보지 못한 창문이었다

_주영태
겨울을 졸졸졸 흘려보내고

더 늦기 전에 다녀가라는 선운산 변산바람
꽃 노루귀 구슬붕이 복수초 괭이눈이말이
자꾸 나를 떠미는데 갈까 말까
힘겨루기하다 해가 지네

봄바람 스산한 꽃샘추위라 일하기가 심난하다.

마을 고샅 둔덕에 민들레와 봄까치꽃이 피었다.

시샘하는 추위쯤 우습게 여기며 녹기 시작한 땅의 기운이 노랗고 파랗다.

밤사이 눈이 내렸어도 얼지 않는 겨울의 끝.

마음은 꽃 따라 활짝 피어 몸뚱이를 방 안에 묶어 놓고도 선운산 골짜기에 든다.

바람꽃 흐드러진 계곡으로 겨울을 졸졸졸 흘려보내고

낙엽 밟는 소리가 눈 대신 바스락거린다.

맑다 못해 투명한 물속, 낙엽 이불 덮은 도롱뇽 알 한 무더기가 물결 따라 흔들리면, 목을 젖혀 도롱뇽 알을 꿀꺽 삼키시던 할아버지 모습이 떠오른다.

투명한 액체 속에 든 점 하나가 허리병을 낫게 한단다. 도롱뇽 알이 대야에 담겨 있던 날의 그리움에 사무친다. 호기롭게 냇물에 발을 담갔다가 꽁꽁 언 발을 후후 불며 녹이는 내 모습이 우습고도 좋다.

지독한 봄바람 웅웅웅 산을 훑자 누워 자던 산짐승 낙엽 따라 달아나는 소리 귓전에 들린다.

당황한 머리칼이 쭈뼛쭈뼛 서고 마음은 콩닥이며 자꾸만 숲으로 들어간다.

머릿속에 그려 본 선운산 계곡은 침이 고일 만큼 탐스럽다. 나무 형님이 전해 주는 지리산 눈 소식에 두엄 내다 연장 놓고 생각은 또 지리산 눈밭을 달린다.

노고단 반야봉 토끼봉 연하선경 천왕봉이 오지 말라며 쇠스랑

움켜 준다.

등산화 대신 장화를 신겨 밭고랑을 타고 여름 준비를 하라고 한다.

더 늦기 전에 다녀가라는 선운산 변산바람꽃, 노루귀, 구슬붕이, 복수초, 괭이눈이말이 자꾸 나를 떠미는데 갈까 말까 힘겨루기 하다 해가 지네.

_이소연
감각의 천연한 믿음

그는 오로지 자신의 몸을 통과한
것들에 대해서만
제대로 느낀 거라고 확신하는 듯하다
나는 그 감각의 천연한 믿음을 사랑한다

내 친구는 나를 얼마나 봤다고 좋아하는 걸까? 나는 또 얼마나 봤다고 그런 친구가 좋은지 모르겠다. 오늘은 친구가 좋아진 게 언제부터인지 곰곰이 생각해 봤다. 아마도 친구에 대한 시를 쓰면서부터인 것 같다. 시인에게 시를 쓰게 만드는 사람만큼 좋은 사람은 없다. 나를 자극하고 끊임없이 감각을 일깨우는 사람을 좋아하지 않기란 힘드니까. 그는 내게 영감을 주는 사람이다.

친구가 사진을 보낼 때마다 나는 밤새도록 수다를 떨고 난 것처럼 뭔가 친구에 대해 모르던 것을 알게 된 기분이 들었다. 손 위의 자연물들은 마치 자신의 일부를 떼어 내 손바닥에 올린 느낌이랄까.

논병아리는 분명 언제나처럼 물 위를 떠다녔을 텐데 어쩌다가 저렇게 멀뚱멀뚱 손 위에 앉아 있게 된 걸까? 오로지 자신인 무엇이 저 손 위에 동그랗고 따뜻하게 앉아 있다. 모든 것이 자신의 몸을 통해 드러나기를 바라는 농부의 자의식이 느껴진다. 그는 오로지 자신의 몸을 통과한 것들에 대해서만 제대로 느낀 거라고 확신하는 듯하다. 나는 그 감각의 천연한 믿음을 사랑한다. 저 손이 품은 것이 시가 아닐 리 없다. 갑자기 나는 친구가 다른 사람에게도 손 사진을 종종 보내는지 궁금해졌다.

_이소연
고창김이 아니야 곱창김이야

안 주고 안 받는다는 건
주고 받는 것과 마찬가지일 것 같지만
안 주고 안 받는 건 0 + 0 이고
주고 받는 것은 1 + 1 이다

한 달 전엔 고창에서 쌀이 왔는데 오늘은 김이 왔다. 고창김을 보낸다고 해서 고창에서 나는 김을 고창김이라고 부르는가 보다 했더니, '고창'이 아니고 '곱창'이란다. 곱창을 갈아 넣어 말린 김이라고 했다. 상상이 안 갔다. 곱창을 어떻게 갈아서 김과 함께 말린담? 정말 안 받고 싶은 김을 네 박스나 보내겠다니…. 곱창김과 함께 연말을 보낼 생각을 하니 창자에 김이 낄 것 같은 기분이다. 이걸 다 어쩌나 고민하다가 김은지 시인에게 나눔을 할 수 있을까 싶어 물었다.

"농부 친구가 김을 보냈대. 네 박스나. 혹시 김 좋아해?"

"농부 친구는 왜 자꾸 한 글자 음식만 보내냐? 쌀, 김…. 먹어 보고는 싶다. 고창김…."

"고창김이 아니야 곱창김이야."

"곱창김이 뭐냐?"

"몰라. 나도 고창김인 줄 알았는데 곱창이래. 김에 곱창을 갈아 넣었대."

"생각하고 싶지도 않아. 난 됐어. 제발 그러지 마. 곱창을 꼭 갈아 넣어야 속이 시원하냐?"

김은지 시인은 정말 곱창김이라는 게 있나 싶어 검색해 보곤 김 종류의 하나라는 걸 알려 주었다. 농부 친구에게 속았다. 아무것도 모른다고 날 골려 먹다니…. 하지만 곱창김 얘길 하면서는 배꼽이 빠져서 찾느라 힘들었다. 연말에 이렇게 웃을 수 있어서 행복했다.

크리스마스이브에는 '지구불시착'이란 책방에서 라이브 방송을 했는데 그때 팬들이 책방으로 엄청난 선물을 보내 주셨다. 그걸 친구에게 자랑했더니 자기도 뭔가를 보내야 한다는 압박감이 들었나 보다. 실제로 책방에 찾아온 손님마다 크고 작은 선물을 주셨다. 크리스마스이브 행사에 대해 전혀 모르고 책방을 찾은 중학생 손님은 자기도 뭔가 주지 않으면 안 될 것 같은 분위기 때문에 만 원짜리 문화상품권 한 장을 내밀었다. 모르는 예의범절을 익히듯 타인의 행동에 영향을 받는 사람들이 너무 귀엽다.

주고받는다는 게 참 좋다. 안 주고 안 받는다는 건 주고받는 것과 마찬가지일 것 같지만 안 주고 안 받는 건 '0+0'이고 주고 받는 것은 '1+1'이다. 한 사람의 마음이 다른 한 사람에게 가서 1을 만드는 세상은 조금 더 살 만한 세상이라 믿는다.

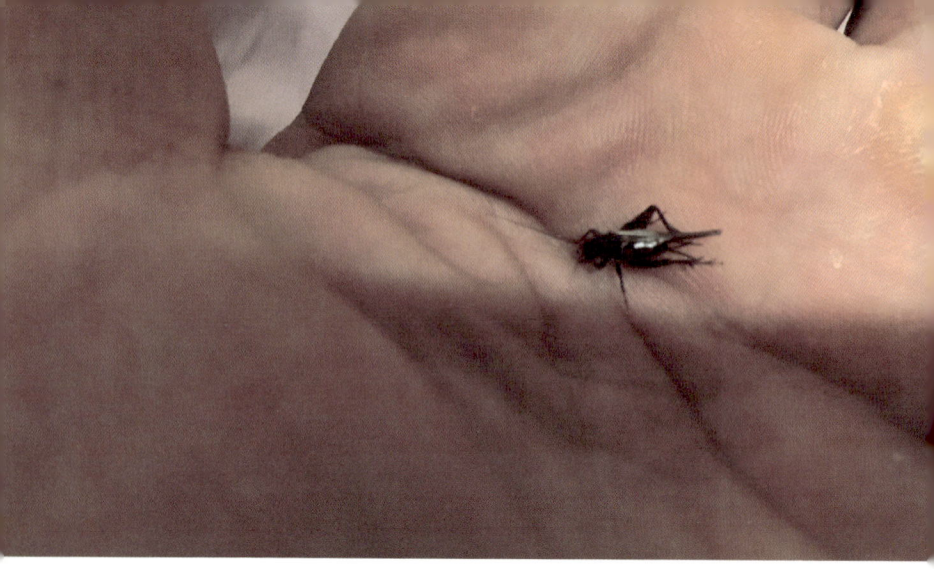

_주영태
고만 히야

혁아! 너 뭇 틀어 놓고 안 껏냐?
몰라 나는 다 껏어
다시 한번 잘 찾아봐 계속 울잖아

가을 초입 귀뚜라미와 여치는 서로의 목청을 주거니 받거니 운다. 해가 지면 울기 시작하여 해 뜰 때까지 지치지도 않는다.

"고만 히야." 말려 봐도 소용이 없다.

찌르르 마음이 따라 우는 가을이 가고 창밖에는 눈이 소복하게 쌓이는 겨울이 와 있다.

컴퓨터와 전자제품이 많은 아들 방에서 귀뚜라미 소리가 난다.

"혁아! 너 뭇 틀어 놓고 안 껐냐?"

"몰라. 나는 다 껐어."

"다시 한번 잘 찾아봐. 계속 울잖아."

아들은 갑자기 화를 냈다.

"모른다고, 다 껐다고 했잖아!"

버럭 화가 치밀었지만 참고 귀를 기울여 본다. 소리가 나는데 어디에서 울리는지 도통 짐작하기 어렵다.

"저쪽 장판 밑에서 날마다 나던데?"

그 말을 듣고 구석의 장판 밑을 살피자 소리가 보인다.

"이것이 인지까 안 자고, 뭔 경우데? 신기허구마이."

조그만 귀뚜라미 새끼를 손바닥에 올려놓고는 엄동설한에 어디 두어야 될지 몰라 망설인다.

"혁아, 그냥 같이 살아라. 귀뚜라미 울음소리도 듣기 좋아야." 했더니 단칼에 "아빠 방에 두고 살어, 그럼." 무뚝뚝하고 냉정한 대답이 돌아왔다. 어머니가 키우는 화초에 두려니 "아이고, 내쏴 부러. 다 뜯어 묵어 분게." 하신다.

귀뚜라미를 손에 쥔 나는 도대체 왜 이러고 있을까….

그래, 나도 그만 하자.
귀뚜라미를 신발장으로 내쏘았다.
"거그가 찌까 덜 춥것드라."

_이소연
지붕이 없지만 지붕이 가장 큰 집

훌쩍 떠나도 좋은 집이다
미련 없이 산뜻하고 단출한
빈집을 보고 있으니 새가 부럽다

이 작고 앙증맞은 덤불을 우리는 둥지라고 부른다. 깃털이면 깃털, 나뭇가지면 나뭇가지, 흙이면 흙, 이끼면 이끼… 자연의 작은 조각들을 살뜰히도 모았다. 빗방울의 각도까지 계산해 물 잘 빠지게 설계한 집, 지붕이 없지만 지붕이 가장 큰 집, 작은 알 서너 개가 웅크린 집, 알에서 날개를 펴고 지구 끝까지 날아가는 꿈이 깃드는 집.

　나도 한때 저 공중을 탐한 적이 있었다. 날개를 달면 날아 볼 수 있을까? 사다리 타고 지붕에 올라갔다가 떨어진 적이 있다. 쿵, 하고 엉덩방아를 찧었다. 그때의 흉터가 여전히 남아 있다. 엄마는 내 엉덩이 흉터로 나를 찾겠다고 하셨다. 꿈이 사라진 자리엔 언제나 흉터가 남고 새가 떠난 자리엔 새집이 남는 건지도 모르겠다. 그래도 날개가 떠난 빈집을 손안에 들인 사람의 목소리는 아름답다고 생각했다. 저런 새집은 어디서 주웠을까?

"빈집이네, 빈집."
"산에 갔다가 비춰 주고 싶어서 찍었재."
"새들은 좋겠다. 집도 막 버리고 가네?"
"글제, 새들은 집도 맘만 먹으면 후딱 지어 분게."

　훌쩍 떠나도 좋은 집이다. 미련 없이 산뜻하고 단출한 빈집을 보고 있으니, 새가 부럽다. 농부 친구가 보내 준 사진을 보다 말고 내 방을 둘러봤다. 침대에도 책, 책상에도 책, 책장 위에도 책, 옷장 위에도 책, 상자 위에도 책, 종이 가방을 살짝 들춰 봤더니 거기도 책이 들었다. 모든 살림 사이사이에 책을 한두 권씩 끼워 놓는 사람이 나다. 쳐다보는 것만으로도 이내 온몸이 무거워진다. 그러니 저 새집은 보면 볼수록 탐이 날 밖에. 가뿐해지고 싶다. 작다고 무시할 수 없는 집. 지구도 태양계에서 보면 그냥 야구공이다. 작은 것이 가장 큰 것을 낳는다. 탁란의 계절이 온다. 뱁새가 뻐꾸기를 키우는 계절이 온다.

저 새집은 새의 몸에 배어 버린 버릇 같은데, 어떤 버릇은 삶의 축약이고 상징이어서 한 편의 시 같다.

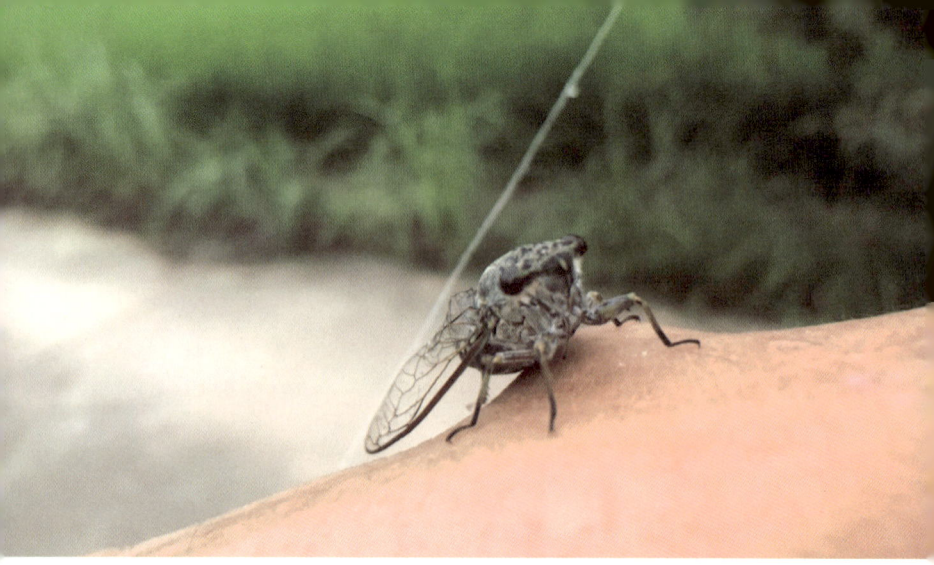

_이소연
옥매미

매미가 없으면 가을은 오지 않는다
그러니까 여름의 몸이 매미라는 것을
잊지 말자

이것은 옥매미다. 옥빛으로 몸을 지으려고 땅속에서 7년을 보냈다던가. 그늘을 좋아해서 그늘목숨이라고 부른다. 매미가 울면 낮이 길고 잠이 얇아진다. 밤잠을 설친다. 매미가 울어야 수박도 나오고 참외도 나온다. 매미가 울면 물가의 잠자리 애벌레들이 갈대를 타고 날개를 얻으러 올라온다. 매미가 없으면 가을은 오지 않는다. 그러니까 여름의 몸이 매미라는 것을 잊지 말자. 농부 친구는 심심해서 매미랑 놀았다고 했다. 이제는 매미랑 놀지 않지만 나도 어릴 땐 매미랑 놀았고, 매미라면 여전히 아는 게 많다. 나는 언제나 매미가 울도록 그대로 두었다. 여름밤 도시에서 매미가 울어대는 통에 골치를 썩는다는 뉴스를 보고 나는 좋은데, 했던 기억이 난다. 매미가 밤에 울어도 나는 좋다. 매미는 괴롭겠지? 울고 싶어서 우나, 밤이 대낮처럼 훤하니까 울지. 농부 친구는 매미 울음을 받아먹고 자라는 들판을 보겠지? 벼는 이미 푸르다. 옥매미처럼.

_이소연
이 붉은빛은 어디서 왔을까?

팥 팥 팥 이름을 불러 보면
팥이란 것은 저 노을 속에서 튕겨
나온 것이 분명하다

이 붉은빛은 어디서 왔을까? 누가 붉은빛을 작은 돌로 만들었을까? 이것을 쑤면 팥죽인데, 팥죽으로 정을 나누기도 하지만 귀신을 쫓기도 한다. 팥. 팥. 팥. 이름을 불러 보면 팥이란 것은 저 노을 속에서 튕겨 나온 것이 분명하다. 저 흰 눈동자를 보라. 돌부처에게도 눈이 있다면 저 팥눈을 닮았으리라. 팥깍지 하나에서 작은 돌 한 주먹이 나왔다. 이 작은 돌은 단단하고 기특해서 가을 운동회의 박을 터뜨리는 오재미가 되었다. 구멍 난 양말을 꿰어 팥을 담으면 소리도 좋고 단단한 오재미가 되곤 했다. 오재미를 던지면 박이 와르르 깨져 나온다. 나는 그 오재미를 만들려고 열심히 팥을 깠다. 농부 친구는 자꾸 내 어린 시절을 불러온다. 팥알에 붉은빛이 찾아오듯 내 잃어버린 세계가 찾아온다.

_이소연
복숭아와 생색

난 다들 그렇게 말하고 살았으면 좋겠다
내게 서운한 것이 있다면 더 늦기 전에
말했으면 좋겠고
나를 안 볼 생각은 하지도 말았으면 좋겠다

고창에서 복숭아가 왔다. 크고 단단했다. 안 받았으면 후회할 뻔했다. 땡볕에 트랙터 일 다니느라 바쁜 농부 친구가 전화를 해서는 대뜸 주소가 뭐냐고 물었다. 매번 알려줘도 잊어버리는 모양이다.

"주소가 머대? 분명 어디 적어뒀는디 찾아봐도 읍시야."
"주소는 왜?"
"복숭 보내줄랑게 후딱 주소 부쳐야."
"복숭아? 나 며칠 전에도 복숭아 두 박스나 받았는데?"
"고놈하고 틀버야, 여그치가 겁나게 좋아야."
"그래?"
"내 친구 놈이 영천 임고에서 복숭으로 일등 난 놈이여야."
"딱딱한 거야?"
"긍게. 깡깡헌 놈이랑께. 깡깡헌 놈."
"그럼 책방으로 부쳐. 여럿이 나눠 먹을게."
"안 된디... 주소 대야. 집으로 보내줄랑게 거시기 이병일 시인허고 서진이허고 울 동상허고 고로케만 딱 묵으야 뒤아."

좋은 것을 보면 내게 보내주려는 고마운 마음을 마다하지 말아야지. 그리고 그 마음 닮아가야지. 그런 생각을 하며 주소를 보내줬는데 어느새 눈앞에 그 마음이 와있다. 보자마자 활짝 웃었다. 나조차도 보지 못한 나의 웃음을 떠올리자 "여름이 낳은 뺨의 복숭아"란 문장이 생각났다. 책방지기 제이가 나의 시 <나의 겨울 사과>의 한 구절을 오마주해 인스타그램에 남긴 문장이다.

하여간 말하지 않고 간직하는 소중한 마음도 있겠지만 말하는 마음도 정말 소중한 것 같다. 제이는 예쁜 글씨로 고마움을 전했다. 인스타그램 게시물에도 나를 태그했다. 난 다들 그렇게 말하고 살았으면 좋겠다. 내게 서운한 것이 있다면 더 늦기 전에 말했으면 좋겠고 나를 안 볼 생각은 하지도 말았으면 좋겠다. 세상 모든 사람을 다 보고 살 순 없을 테지만.

나는 "언젠간 강물처럼 만나게 될 거야."라는 상투적인 말을 좋아한다. 오래전부터 입버릇처럼 하고 다닌 말이다. 난 언제나 너를 기다린다고. 잠깐 멀어지더라도 우린 강물처럼 만나게 될 거라고. 일찍부터 이런 말을 배운 건 행운이다. 말이 가진 힘이 있어서 이 주문 같은 말을 하고 다니다 보면 오래전 멀어졌던 친구를 다시 만나기도 한다.

스스로 천성이 고요하지 못한 편이라 그런가? 생색내는 사람들이 고맙고 귀여울 때가 많다. 하마터면 고마운 마음을 모르고 지나칠 뻔했는데 나를 위해 한 일들이 무엇이었는지 말해주면 나는 그게 그렇게 고맙다. 그리고 그런 사람 앞에선 나도 내가 그를 위해 한 일들을 자랑하듯 늘어놓을 수가 있다.

그런데 갑자기 궁금해진다. 어쩌다가 많은 사람이 생색내는 사람을 싫어하게 된 걸까? 혹시 생색이란 단어의 뜻을 내가 잘못 알고 있는 것이 아닐까? 궁금해서 사전을 찾아봤다.

생색: 다른 사람 앞에 당당히 나설 수 있거나 자랑할 수 있는 체면.

내가 알고 있는 뜻이 맞다.

지나치게 자랑하는 사람을 좋아할 순 없겠지만 당당히 나설 수 있는 마음이라면 아무래도 진짜 같지 않은가? 나는 농부 친구가 복숭아를 보내주면서 정말 귀한 것을 구한 것이라고 생색을 내면 "뭣이 틀버도 틀부다"는 걸 알겠다.

고창에서 올라온 복숭아를 보면서 나는 감탄했다. 복숭아를 어떻게 보냈기에 이리 말끔할까? 생채기 하나 없다. 붉고 희고 큰 복숭아가 내 피를 맑게 틔우는 기분이다. 농부가 보내 준 복숭아 하나를 손위에 한가득 올려두고 사진을 찍어 보낸다. 잘 받았다고. 지금까지 먹어 본 복숭아 중에 이런 복숭아는 처음이라고 마구마구 말한다.

"나는 뭘 해주지?"
"나는 암 것도 필요 없어야. 200마력짜리 트랙터 하나만 사 주면 뒤야."
"200만 원짜리 트랙터?"
"아니 트랙터가 그렇게 싸간디? 5억은 할거시다."
"야! 무슨 복숭아 한 박스 보내고 5억을 뜯어 가냐?"
"푸하하하하 긍게."
"히히히 맨날 긍게래..."
"긍게."

밤을 뜯어 먹어야 자라는 귀뚜라미처럼 나는 복숭아를 먹으며 이 산문을 쓴다. 가는 여름, 오고 있는 초가을, 그 와중에 백도가 오고 황도가 또 올 것이기에 기분이 좋다. 딱딱이 털복숭아와 함께 글 몇 줄이라도 쓰면서 여름을 통과하고 있어서 참 좋다.

그러고 나면 나는 또 기다리겠지. 복숭아가 보내오는 여름을.

칭찬에 초연해지기 싫어
_이소연

아따 성님 거시기 하면 여성 비하 발언이어

라우 처녀작이라 하지 말고 정하고자프믄

총각작이라고 하쇼

복분자주를 먹고 토한 게 생각난다.

그래도 고창 복분자주를 다시 먹으러 가고 싶다. 재밌었다. 복분자주를 마실 때 안주는 기억도 안 난다. 복분자주를 진탕 마시고 입이 시꺼메져서는 너무 많이 웃었다는 기억만 선명하다. 화장실 갔다가 내 얼굴을 보고 알았다. 추했다.

"에잇! 말 좀 해주지!"
"뭐시?"
"복분자주 마셨더니 이빨까지 시꺼메 졌잖아."
"오매~ 암시랑 안히야."
"아니 근데 이상하네? 오빠는 같이 마셨는데 왜 멀쩡해?"
"동상 좋은 술 묵으라고 나는 소주 마셨응께."

또 웃음이 터지고 말았다. 농부 친구는 그런 말을 하면서 꼭 이상한 표정을 짓는다. 칭찬받아 마땅하다는 표정. 나는 그게 너무 웃기다.

나이가 들면서 사람은 칭찬해 둔감해질 만도 한데 그렇지가 않다. 칭찬을 원하는 사람들이 주는 위안이 있다. 나이가 들수록 칭찬에 초연해져야 한다는 압박감에서 잠시 벗어나게 해주니까. 나만 그런 게 아니라서 살맛이 난다.

고라니라니 텀블벅을 오픈하고 기사도 나고 하면서 농부 친구는 축하를 많이 받았다고 했다.

여기저기서 작가님이라고 부른다고 신이 났다. 농부 친구가 칭찬을 듣는다니까 나도 덩달아 신이 났다. 경거망동 할까 봐 걱정하지도 않는다. 그보다 지금의 기쁨을 망치지 않는 것이 더 중요하니까. 농부 친구에게 또 전화가 왔다. 칭찬을 받았다고 얘기할 게 분명하다.

"동상, 내가 이제 페미니스트가 다 뒤아부럿당께."
"하하하 무슨 일인데?"
"내가 책 쓴당께 동네 성님이 축하헌담서 고거시 처녀작이냐? 묻는 거여."
"그래서 뭐라고 했어?"
"아따 성님 거시기 하면 여성 비하 발언이어라우 처녀작이라 하지 말고 정 하고자프믄 총각작이라고 하쇼."
"하하하하하하하. 대박! 너무 잘했어. 진짜 최고야."

살다 보니 이런 날이 오는구나. 대형 출판사에서 나온 지식인 저자의 책에서 아직도 그런 표현을 심심찮게 만나는데 농부 친구가 이렇게 후련하게 말해주는 날이 오다니. 정말 사람 일은 모른다. 게다가 그런 변화를 스스로 자랑스러워한다는 것도 좋다.
나도 네가 자랑스럽다. 친구야. 아, 자꾸자꾸 칭찬하고 싶다.

_주영태
에필로그

　손 우게 뭇이 올라가믄 찬찬히 잘 구다 볼라고 올렸던 것이다. 그물코처럼 뚫린 병든 무시 잎삭을 놓고 전문가들에게 물어보기도 하고, 어쩔 땐 허리쉼하며 아무르장지도마뱀이나 청벌레를 올려놓고 놀았다. 때로는 어머니 고 여사의 손을 올려놓는가 하면 산딸기도 놓고 제주 하귤도 놓았다. 뭐든 손에 올려 두고 사진 찍기를 좋아했다.

　손보다는 손에 올려진 것들이 주인공인데 도시 사는 시인 동생에게 내 손이 재조명받으니 기분이 참 오묘했다.

　긍게, 내 손은 농민 손인디 책으로 낸다니 동생 헐 일이나 잘허제 뭔 내 손까지 책으로 엮는데? 가당키나 허까? 우스갯소리나 되는 줄 알았던 것이 현실이 되고 보니 내 손은 금세 건방져졌다. 눈을 올려놓고 손 모양에 정신이 팔려 모델 흉내를 내더니 자연스러움은 온데간데 없고 어색함만 남았다.

　손아, 정신 채야 쓰것다. 아름다움은 째내고 모양 내는 게 아니라 생활 속에서 열일하는 거친 손에 있단 것을 아라야 쓴다. 알거써 모르거써!

_이소연
에필로그

　책을 쓰기로 하고 나서 새로 찍은 사진은 쓰지 못했다. 그가 이전처럼 손을 의식하지 않고 사진 찍는 법을 잃었기 때문이다.

　그는 그것에 대해 "이제 손이 건방져졌다."고 표현했다. 한 번도 주목받은 적 없는 손을 누군가 원한다는 것만으로도 그 손은 의미를 주워 담는다. 우쭐대며 손을 의식하게 된 친구의 삶이 귀여우면서도 어떤 순간의 오롯함을 망친 게 아닐까 걱정이 되었다.

　손 위의 세계에 집중하던 그의 순정한 마음을 빌려 와 책으로 엮는다. 이 책 쓰기를 끝내면 아무렇지 않게 그의 손을 원래의 아름다운 자리에 돌려놓을 수 있기를 바란다. 책을 쓰자고 했을 뿐인데 많은 것이 남았다. 나는 이제 맵제가 빈 껍데기라는 것도 알았고 청개구리를 만지면 화상을 입는다는 것도 알았다.

_이소연 · 주영태

고창군 건동리 1220번지 텃굴밭에 출몰하는 고라니에 대하여

이 — 고라니를 만났을 때 어땠어?

주 — 뭇이 어때. 죽것지. 6월 초가 고라니 번식기야. 고라니, 멧돼지가 보리밭 콩밭에 와서 콩잎을 다 따 먹어. 고창에 야산이 없어져서 그래. 환장하것지.

이 — 고라니를 만났을 때 왜 사진 찍었어?

주 — 일하다가 놀거리가 생겼잖아.

이 — 고생이라더니?

주 — 예쁘잖아. 잠깐 반항을 하잖아. 반려동물 쓰담쓰담하는 것처럼 하면 내 주변을 맴돌아. 다른 동물들은 키우기 까탈시런데 고라니는 키우기 좋아.

이 — 집에서 키우는 사람 있어?

주 —   응, 많아. 산에다 다시 놔줘도 돌아와. 가장 안전하다고 생각하나 봐. 사료도 먹어. 잡식성이라 다 먹어.

이 —   고라니가 사람을 안전하다고 생각한다니… 안전해?

주 —   사실은… 보신용으로 먹는 사람이 많고, 그래도 로드킬이 가장 많아.

이 —   동네에서 키우는 사람 알아?

주 —   아니, 잘 몰라. 산 밑 사람들이 키워서.

이 —   고라니가 그렇게 문젠가?

주 —   콩잎 싹을 떼어 먹어 버리면 콩 농사가 망한 거야. 싹에서 퍼져야 하는데, 떡잎 두 장밖에 안 남잖아. 콩이 안 남잖아. 콩이 어느 정도 커야 하는데 그걸 고라니가 뜯어 먹는 거야.

이 —   그러면 욕만 하고 잡지는 않아?

주 —   고라니가 달리기를 잘해. 유해조수가 되면 사

냥꾼들에게 총을 줘. 덫은 불법이야. 유해조수 포획단이 와서 한 마리 잡아 주면 3만 원인가 5만 원을 줘. 고라니를 잡았다는 표식으로 고라니 꼬리를 가져다주지.

이 — 슬퍼. 그치만 콩을 정성껏 키우는 농민의 마음을 생각하면 참 어려운 문제다. 게다가 고라니는 사람을 따른다니 멧돼지나 다른 동물과는 다르게 다가올 것 같아. 아무래도 위협적으로 보이진 않으니까.

주 — 농민들은 직접적인 피해를 보니까 예쁘기만 할 수는 없어.

이 — 넌 예뻐하잖아.

주 — 난 이뻐하지. 농민들도 고라니를 자연의 일부라고 생각해. 먹고 죽이는 게 자연스러운 거 같아. 대다수 농민이 고라니를 비롯해 로드킬당한 동물들을 다 치워 주긴 해. 그것을 그대로 두는 건 불명예스러운 죽음을 방치하는 거니까. 자동차에 깔리고 또 깔리면 살점이 다 으깨져 가죽만 남거든. 먼지가 많이 날려. 나는 죽음도 격이 있어야 한다고 생각해. 로드킬당한 걸 자연의 일부가 되도록 땅에 올려 주는 거지. 농민들이 유해조수로 지정된 동물들을 다 죽이려고 들진 않아. 콩잎을 다 먹어 버리니까 부아가 나서 포수를 부르고 그런 것이지.

이 — 근데 넌 왜 고라니를 풀어 줬어?

주 — 그 조그만 것을 어떻게 죽이냐? 그래서 난 콩 농사 안 지어. 근데 무, 배추도 다 뜯어 먹고 다녀. 그냥 안 뜯어 먹어도 다 밟고 다녀. 동물은 자기들만 아는 길목이 있어. 그 길목에 있는 작물은 다 죽는 거야. 반려견도 그래. 반려견을 버리는 사람은 악마라고 봐야지. 비싼 개, 비싼 고양이 많잖아. 청보리밭 축제가 끝나면 청보리밭에 많이 남겨져. 주인 차랑 같은 차를 보면 전력질주를 다해서 달려들어. 짠해. 그래서 물이나 먹을 거 가져다주고 그런 게 한두 번이 아냐. 그게 또 다른 사회 문제가 되는 거야. 도시에서 농촌으로 책임을 전가한 것인데, 그렇게 버려진 개들을 한 사람이 키울 수도 없는 것이고. 그러니까 군에서 한꺼번에 잡아다가 안락사를 시켜.

이 — 도시에 사는 사람들은 처치 곤란한 물건을 시

골에 가져다 놓으려 하는 거 같아. 내가 그러거든. 나도 버리긴 아까운데 감당 안 되는 물건이 있으면 자꾸 포항 부모님 집에 가져다 놓으려고 했어. 그런 심리도 굉장히 이기적인 것 같아. 당분간 쓸모없는 것들을 도시에서 농촌으로 보내. 그러면 농촌에서는 도시에서 버려진 물건들을 떠맡는 거야. 사람들의 필요에 의해서 생산된 물건들은 살뜰히 소비해야 하는데 그걸 끝까지 책임지지 않아. 도시 사람들은 농경 사회의 육식 문화를 때론 야만적으로 여긴단 말이야. 도시의 대량 소비 대량 생산 문제도 심각한데 말이지. 서로의 삶의 양식을 끔찍하다고 얘기하기보다는 도시 삶과 농촌 삶의 간극을 이해하는 노력이 필요한 것 같아. 농경 사회에선 자연스러운 것일 수도 있는 일들을 도시적인 사고방식으로만 바라보는 것이 좀 안타깝기도 했어. 근데 자기가 키운 걸 어떻게 잡아먹지?

주 — 가축이라는 기준이 있잖아. 개는 못 잡아먹겠어. 닭, 토끼, 염소는 서로 밀접하지 않고 정이 덜 들어서 잡아먹을 수 있는 것도 같고. 잘 모르겠다.

이 — 봉준호의 영화 《옥자》에서도 옥자를 반려동물로 키우지만, 옥자를 옆에 두고 평상에서 삼계탕을 먹어. 농촌에서는 자급자족을 자연스럽게 받아들이니까. 살육이나 도륙의 의미를 띠지 않는 것 같아. 그런 모습이 삶의 일부니까.

주 — 비건 운동도 동물 복지를 하나의 목표로 하잖아. 대형화 붐이 일면서 조류독감 같은 전염병이 생겼어. 구제역 같은 것도 돼지가 비좁은 우리에서 존엄이란 걸 찾아볼 수 없게 사육되며 생긴 거고. 밀식 사육은 그야말로 비인간적이야. 그걸 도시에서 소비하는 거지. 어떤 게 더 끔찍한 것인지 묻고 싶어.

이 — 넷플릭스에서 《나의 문어 선생님》을 봤어. 바다에 사는 문어와 친구가 되기 위해 수족관에 가둬 키우는 게 아니었어. 그 사람은 바다에 사는 문어와 소통하기 위해 매일 잠수해. 인간이 문어를 찾아가 문어와 친구가 되는 거야. 처음에는 그렇게 다가온 인간을 문어도 경계해. 하지만 반복해서 찾아오니까 문어도 조금씩 인간에게 다가와. 인간의 손을 만져 보고 인간의 팔에 다리를 올려 보고 인간의 피부를 빨판으로 빨아도 보면서 조금씩 친구가 돼. 문어한테 배우는 것도 많지만 문어를 대하는 방법이 시사하는 게 컸어. 위기에 처한 문어를 도와주고 싶지만 꾹 참는 인간의 모습에서 느끼는 게 많았어. 해양 생태계에 개입하지 않겠다는 의지와 그 삶의 방식을 존중하는 모습은 경이롭기까지 했어. 그동안 인간이 사는 방식에 동물이 적응하기만을 바랐던 건 아닐까? 나는 인간을 벗어날 수가 없고 아무리 노력해도 인간의 시선으로 동물을 오해하지 않기란 힘들테지만, 그래도 동물의 입장을 상상하는 일을 멈추지 않고 싶어. 인간이 사는 삶에 그들을 끼워 맞추어 생각해 왔던 일을 그만 하고 싶어.

주 — 젖소는 호르몬제를 맞으면서 계속 젖을 짜던 때도 있었어. 사람들이 젖소에게 하루에 한 번씩 주사를 맞혀. 지금은 그렇게 못하도록 법으로 금지하고 있지만, 분만 이후 젖 생산에 지장을 주는 증상을 없애려고, 각종 치료 위한 항생제가 투여된대. 어떤 것이 자연스럽고 어떤 것이 부자연스러운지 모르겠어.

이 — 고유한 삶의 방식을 존중하는 태도는 모든 삶의 문제와 맞닿아 있는 것 같아. 여성들이 지금껏 남성들의 삶에 맞춰 온 게 아닌가 싶어. 가

부장제를 유지하기 위해 여성이 본능을 누르고 더 힘이 센 남성의 방식에 맞춰 온 거지. 동등한 위치에서 살아가야 할 사람들이 그러지 못했던 거야. 아주 일상적인 부분부터 차별과 억압을 마주해. 여자 혼자 밤길 다니지 말라는 것도 어이없는 말이잖아. 위협이 되는 존재를 억압하는 것이 아니라 여성을 조심시키는 방식이니까. 기본적으로 서로의 방식을 존중하면서 함께 살아가야 한다고 생각해.

주 — 울 엄마는 새끼 낳으면 온몸을 뜯기며 살았어. 시어머니, 시동생에 새끼들은 좀 많냐? 열두 남매를 낳았어. 그런 집에서 살면 여성은 그냥 일하는 사람이야. 남자들은 두루마기에 모자 쓰고 곰방대 한 대씩 물고 있으면서…. 죽은 사람한테 절하면서 사는 게 다 뭐냐 싶더라고. 농사일도 여자들은 쪼그려 앉아서 하는 일이 많아. 쪼그려 앉아 하는 일이 더 고된데, 남자들이 쪼그려서 일하면 붕알 닳아진다고 일하지 말라고 하니까. 그리고 똑같이 일하고 와도 여자는 밥 차려야 해. 그런데 아직도 할머니들은 손녀보다 손자를 더 예뻐하더라. 자기 제사 지내 줄 거라고.

이 — 제사 없애는 추세인데, 없앨 거야?

주 — 근데 나는 여태 그렇게 배워서 나까지는 할 거야. 그냥 우리 후손들에게 허례허식 없는 정신만 남겨 주고 죽겠다는 생각이야.

이 — 그렇게 살아온 사람들을 내가 함부로 재단하고 싶지 않다는 생각이 들어. 문화와 문화, 사람과 사람이 만나야 한다고 생각해. 서로 다른 두 세계가 부딪히는 장면들을 자주 봐. 그런 장면을 보면 약간 분노하는 지점들이 있어. 부딪혀서는 한 세계가 다른 한 세계로 진입할 수 없다는 생각이야. 자기 나름으로 지켜 온 소중한 무엇인가가 깨지겠지. 스며드는 방식으로 서로 다른 세계가 만나면 좋겠어. 벽을 치면 갑갑해. 나도 나와 다른 생각을 가진 사람들을 보면서 '어떻게 저럴 수 있지?'라고 생각할 때가 있었어. 그런데 너를 만나고 달라졌어. 세계를 초월해서 감지할 수 있는 삶의 아름다움이 있었어. 정말 다행이라고 생각해. 우리가 만난 건.

아무튼, 다시 고라니 얘기로 돌아가서, 대량으로 농사를 지으려 하니까 고라니가 방해 요인이 되는 거지. 삶터를 빼앗긴 고라니와 공존하는 방법은 없을까?

주 — 요즘 농업의 형태가 변했어. 예전에는 품앗이, 향악, 두레가 있었다면 지금은 돈으로 사람을 사는 거지. 옛날엔 지금보다 골병도 덜했어. 몇 시간 동안 일하기로 계약했으니 트랙터 운전석에 앉아서 죽도록 고독하게 밭을 갈아야 해. 동물을 보면 밑도 끝도 없이 죽이겠다는 사람들은 없어. 기계 소리가 크고 그러다 보니, 눈에 보이지 않아서 그런 것이지. 물론 기계화된 상황에선 동물을 하찮게 여기는 부분이 없지 않아. 인정머리 없는 산업농들이 그렇지. 축산도 대형으로 하는 사람들은 동물을 돈으로만 보니까 하찮게 여기는 거지. 그러다 보면 사람도 하찮게 여겨. 외국인 노동자들을 더 존중해야 해. 지금보다 훨씬 더. 지금은 심각해. 중소농이 살아야 인간의 삶이 무엇인지 고민할 수 있는 때가 오지 않을까 싶어. 나는 고라니가 계속 있었으면 좋겠어. 내 작물을 조금 뜯어 먹어도 말이야. 내 밭에는 고라니가 산다는 것이 내 자부심이기도 해. 다른 사람들이 보면 다들 한소리 하겠지만 말이야. 근데 그 고라니도 고라니 생태계에서 밀리고 밀려 인간 가까이 온 거야. 영역 싸움에서 진 거지.

이 — 가장 힘없는 동물이 인간과 가까워지는 게 아

이러니하다.

주 – 이 시골 부락을 벗어나지 않은 사람들도 젊은 날의 힘을 잃은 노인이잖아.

이 – 시 쓰면서 오빠의 삶에 변화가 생겼다면 뭐야?

주 – 나한테 '주 작가'라고 하는 거. 글고 꽃 같은 걸 봐도 더 유심히 보게 돼. 아침에 이슬 맺혀 있는 걸 보면 시 쓰기 전보다 더 예뻐 보이고 묘사 같은 걸 해 보려고 노력해. 아침에 논에 가잖아. 이슬 묻은 논두렁을 걸으면 엄청 차가워. 뇌까지 상큼한 느낌이 있어. 그런 것을 알려 주고 싶어. 사진 한 장만 놓는 것하고 내 감정을 실은 글과 함께 내놓는 건 다른 것 같더라고. 내 생각 같은 것을 넣어 두면 사람들 반응이 달라. "오~ 이 새끼!" 이러는 거야.(웃음)

이 – 너 글 잘 쓰는데 나보단 못 써.(웃음)

주 – 나는 농민이고 내가 농민이란 사실이 자랑스러워. 그런데 사람들이 나 농사 시작한 지 얼마 안 돼서 그러더라고. "왜 멀쩡한 네가 농사를 짓냐?" 멀쩡한 사람이 농사를 안 지으면 누가 짓는대? 그 뒤로 농민운동을 시작했어. 실력을 키워야겠다는 생각을 했지. 농사지어서 성공하는 모습을 제대로 보여 주겠다고 말이야.

이 ─ 근데 너는 농사만 지으면 망했다면서.

주 ─ 긍게….

고라니라니 후원자 명단

류미중 조영례 주미자 홍선자 이신미 정지아 김미란 김은지
양연주 주미화 김남수 김신일 김기선 권화영 김신숙
양수리감성돈 서정연 남주희 김재근 류근 서주석 김선향
이서하 김남곤 유한봉 박한신 박현근 박은영 유현아 윤단 민구
송창용 박언주 김영산 이주송 임수민 조대한 진기환 최정남
류귀자 전용환 박정용 이두선 주명희 문성희 최숙자 백승재
정덕순 박소현 송순옥 김문곤 박소정 김희라 박진수 김미지
전영규 이철재 주난영 페이퍼넛츠 박소민 이건희
이은비 매수전 김송희 박세진 나미나 JiyeonLee 서상빈
임지인 안소영 김헌주 이경희 박지선 권지혜 김지숙 김재인
강현정 김계피 김정곤 황애현 김복숭아 이경진 김윤정
이우근 이민섭 김아영 박지음 이밝음 장예영 희음 양진호
하재홍 이성철 윤영 남주라 이정후 조윤경 최주란 김미하

신효영 양지윤 신현우 이은선 김해수 송정원 박유경 고보경
주민현 박시하 김하늘 권창섭 강연우 최창석 한태희 김승원
조수진 김봉일 이선옥 정지은 윤진우 권용희 신재환 이지아
황인찬 심정은 뭉비 이가영 이원석 박인애 김명래 이유운
김성진 배재예 김정룡 이세라 김의경 김수연 임혜연 심재운
송정화 이가영 김혼비 이유미 양근애 김영수 행복이 신잉걸
이서희 김혜림 윤혜경 김호애 강혜빈 김영랑 조형진 문혜성
신희정 이상만 이성직 임정호 박수진 김영숙 김주현 이호경
장은정 신우 이병일 이우연 최윤혁 김기범 lej98****
이걸로뭐든한다 SonRyu 오예 ESY renegade 봄로야
darkparadise 한연희 서은송 손자연 클로이 세영 정진욱
박근태 임현정 Mijin Lee 뿌사리 조성봉 조경철 백지은
스노우파이 김택수

고라니라니를 함께 만들어주신 후원자님 감사합니다.

고라니라니

초판 1쇄 발행 2021년 9월 1일
초판 2쇄 발행 2021년 9월 29일

지은이/이소연 주영태
편집/노경수
디자인/김택수
펴낸곳/출판사마저
펴낸이/오현지

주소/강원도 춘천시 소양고개길 50 2층
전자우편/bookmz2021@gmail.com
ISBN 979-11-972591-4-2
ⓒ이소연 주영태 2021

*이 책 내용의 전부 또는 일부를 재사용하려면
반드시 저작권자와 출판사마저 양측의 동의를 받아야 합니다.

*책값은 뒤표지에 표시되어 있습니다.